新・MINERVA
福祉ライブラリー
42

ソーシャルワーカーのための
自殺予防対策入門

適切な知識と支援スキルを身につける

公益社団法人日本社会福祉士会 編著

ミネルヴァ書房

はじめに

──なぜ自殺予防がソーシャルワーカーの重要な仕事なのか──

　なぜ自殺を予防する必要があるのか。「そんなの当たり前のことだ。何を今さら」と叱責されてしまうかもしれない。本書を手に取ってくださった方々は，自殺の問題や自殺対策に一定のご関心がおありだろう。しかし，同僚や一緒に仕事をする関係者の中には，「自殺は本当にいけないことなのか」「自殺を予防する必要があるのか」「自殺を選択しても仕方ない状況もあるのではないか」，と考えている人もいるかもしれない。実際，社会福祉士を対象とした調査の結果，調査協力者の16.6％が「人には自殺する権利がある」と考えていた（小高2012）。

　自殺のリスクがある人の支援にはチームアプローチが欠かせない。しかし，チームの中に，前述のような自殺に対する考えを持っている支援者がいれば，リスクがある人の支援は困難に直面するかもしれない。本書は読者となる皆さんが，自殺や自殺対策についての正しい知識や適切な支援スキルを身につけるためのものだけでなく，ここで学習されたことを周囲の人たちにも伝えていただき，現場での円滑な支援が実現するよう執筆・編集した。

　自殺対策には，そのために何か特別なソーシャルワークのスキルを必要とするわけではない。本書でお伝えする，自殺予防のための少しのエッセンスを心得ておくことで，助かる命はたくさんあると信じている。自殺のリスクには，リスクが低い段階（具体的な自殺の計画はないものの生きることにしんどさを感じている状態），リスクが中程度の段階（自殺の考えがあり計画もあるがすぐに実行までは考えていない状態），そしてリスクが高い段階（明らかな自殺の考えとただちに行動する用意がある状態）（河西・平安 2007）と幅があり，リスクは流動的である。

多様な生活課題や権利侵害に直面しているクライエントの中には，生きることがつらいと感じている人たちが多くいるだろうことは想像に難くない。そのようなクライエントに日々接するソーシャルワーカーだからこそ，彼らのSOSにいち早く気づき，リスクが増大し命が脅かされる前に，手を差し伸べる使命があるのではないだろうか。

　繰り返しになるが，社会福祉士をはじめとするソーシャルワーカーが実践する自殺予防活動には，特段新しいソーシャルワークスキルが求められているわけではない。ソーシャルワーク実践の基礎があれば，あとは少しの知識とスキルを身に着けるだけである。本書ではそれが何であるのか，確認していただくことができる。自殺予防のためのソーシャルワークを学ぶのではなく，「自殺予防の視点」をもってソーシャルワーク業務に臨んでいただくために，本書がお役に立つことを願っている。

　日本社会福祉士会が第18回日本社会福祉士会全国大会宣言文において，「（前略）自殺者を出さない社会の実現を目指し，専門職および専門職団体として，地域住民や専門機関・団体と連携し，自殺予防の対策に取り組むことをここに宣言します」（社団法人日本社会福祉士会 2010）と謳って10年以上が経過する。ソーシャルワーク専門職として改めて，今われわれ一人ひとりにできる自殺予防を見つめなおし，力を合わせてこの宣言を具現化していく必要がある。

2021年10月吉日　　　　　　　　　　公益社団法人日本社会福祉士会

引用・参考文献

河西千秋・平安良雄監訳（2007）『自殺予防プライマリ・ヘルスケア従事者のための手引き（日本語版第 2 版）』（＝World Health Organization（2000）Preventing Suicide : a Resource for Primary Health Care Workers. Geneva, World Health Organization.）（http://www.phcd.jp/02/kensyu/pdf/2009_file16.pdf, 2021.1.18）.

小高真美（2012）「ソーシャルワーカーの自殺に対する態度と自殺予防」『ソーシャルワーク研究』38, 17-24.

社団法人日本社会福祉士会（2010）『日本社会福祉士会全国大会宣言文』（https://www.jacsw.or.jp/ShogaiCenter/gakkai/jyoho435/taikaisengen.pdf, 2021.1.18）.

目　次

■第６章■　遺族・支援者への支援

■第７章■　演習で学ぶ遺族への支援：
　　　　　　演習１　自殺リスクが疑われる人への支援

■第８章■　演習で学ぶ遺族への支援：演習２　自死遺族への支援

資料編

コラム 🏠

第 1 章

自殺対策の施策と実態

・・・

日本の自殺対策は，2006年に制定された自殺対策基本法に基づき，大きく前進した。この法律は10年後の2016年に見直され，新たに「生きることの包括的支援」を謳うとともに，対策の地域間格差をなくす目的で，都道府県および市町村が「都道府県自殺対策計画」あるいは「市町村自殺対策計画」を策定することとしている。

　社会福祉士をはじめとするソーシャルワーカーが自治体の対策を直接担うとは限らないが，自殺のリスクのあるクライエントとかかわる可能性は常にある。地域に根差して制度を用い，社会資源を活用するソーシャルワークにおいて，国・自治体の施策の方向と実態を把握しておくことは有用である。

 ## 施策の動向

☐ 自殺対策の経緯

　1998年の自殺の急増以前では，自殺問題が行政の課題とされることは少なく，国全体としての基本方針は未策定であった。国の取り組みは，うつ病対策や，職場のメンタルヘルス対策を中心に，各府省がそれぞれに実施していた。1998年に自殺者数が3割あまり急増し，その後も3万人を超える状態で推移したことから，自殺問題は深刻な社会問題としてとらえられるようになった。2005年7月，「自殺に関する総合対策の緊急かつ効果的な推進を求める決議」（参議院厚生労働委員会）がなされ，翌2006年6月，自殺対策基本法成立（議員立法，10月施行）に至った。2007年6月には，同法第12条に基づき，政府が推進すべき自殺対策の指針として「自殺総合対策大綱」が策定（閣議決定）された。ここに日本の自殺対策の基本的な姿勢が確立されたのである。

　2009年には「地域自殺対策緊急強化基金」（内閣府100億円／3年）が造成され，地域の自殺対策がさらに促進された。2012年8月には「自殺総合対策大綱」が改定（閣議決定）され，2015年6月の「自殺総合対策の更なる推進を求める決

図1-1　日本における自殺者数の推移と自殺対策をめぐる主な動き

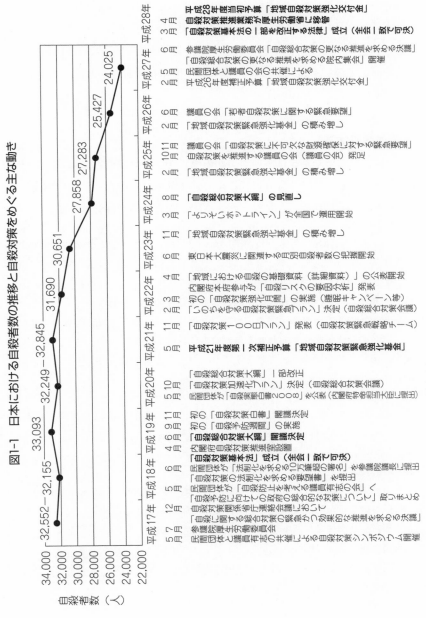

出所：厚生労働省（2015）『平成27年度自殺対策白書』47.

議」（参議院厚生労働委員会）を経て，2016年3月，自殺対策基本法の一部を改正する法律が成立した（議員立法，4月1日施行）。同年4月，自殺対策業務が，内閣府から厚生労働省へ移管された。同時に「地域自殺対策緊急強化基金」はそれまで補正予算であったものが，平成28年度当初予算（厚労省25億円）として位置づけられている（**図1-1**）。

◯ 自殺対策基本法

2016年に自殺対策基本法は，いくつかの改正がなされた。たとえばこの法律の目的を示す第1条では「誰も自殺に追い込まれることのない社会の実現」という高い目標が謳われることとなった。下記下線部が追加部分である。

第1条　この法律は，近年，我が国において自殺による死亡者数が高い水準で推移している状況にあり，誰も自殺に追い込まれることのない社会の実現を目指して，これに対処していくことが重要な課題となっていることに鑑み，自殺対策に関し，基本理念を定め，及び国，地方公共団体等の責務を明らかにするとともに，自殺対策の基本となる事項を定めること等により，自殺対策を総合的に推進して，自殺の防止を図り，あわせて自殺者の親族等の支援の充実を図り，もって国民が健康で生きがいを持って暮らすことのできる社会の実現に寄与することを目的とする。

また，地方公共団体の責務として施策の策定，実施が示されており，市町村では2018年から取り組むべく準備が進められている。

（国及び地方公共団体の責務）
第3条　国は，前条の基本理念（次項において「基本理念」という。）にのっとり，自殺対策を総合的に策定し，及び実施する責務を有する。
2　地方公共団体は，基本理念にのっとり，自殺対策について，国と協力しつつ，当該地域の状況に応じた施策を策定し，及び実施する責務を有する。
3　国は，地方公共団体に対し，前項の責務が十分に果たされるように必要な助言その他の援助を行うものとする。

（事業主の責務）

　第4条　事業主は，国及び地方公共団体が実施する自殺対策に協力するとともに，その雇用する労働者の心の健康の保持を図るため必要な措置を講ずるよう努めるものとする。

（国民の責務）

　第5条　国民は，生きることの包括的な支援としての自殺対策の重要性に関する理解と関心を深めるよう努めるものとする。

　また，これまでの取り組み等をより明確化する条項も織り込まれた。たとえば第7条では，自殺予防週間（9月10日から9月16日まで）と，自殺対策強化月間（3月）を定め，予防週間では啓発活動を広く行うとし，自殺対策強化月間では，自殺対策を集中的に展開するものとし，関係機関及び関係団体と相互に連携協力を図りながら，相談事業その他それにふさわしい事業を実施するよう努めるとして，両者の性格づけを行っている。

　第12条では，自殺総合対策大綱について，「政府が推進すべき自殺対策の指針として，基本的かつ総合的な自殺対策の大綱」とし，大綱の名称の法定化を図っている。第14条では都道府県及び市町村に対する交付金の交付について規定している。国は，都道府県自殺対策計画又は市町村自殺対策計画に基づいて当該地域の状況に応じた自殺対策のために必要な事業，その総合的かつ効果的な取組等を実施する都道府県又は市町村に対し，当該事業等の実施に要する経費に充てるため，推進される自殺対策の内容その他の事項を勘案して，厚生労働省令で定めるところにより，予算の範囲内で，交付金を交付することができるとしている。

　また，第13条ではあらたに，都道府県および市町村の自殺対策計画の策定について定めている。この内容は全く新しい条項といってよいものである。

（都道府県自殺対策計画等）
　　第13条　都道府県は，自殺総合対策大綱及び地域の実情を勘案して，当該都道府県の区域内における自殺対策についての計画（次項及び次条において「都道府県自殺対策計画」という。）を定めるものとする。
　　2　市町村は，自殺総合対策大綱及び都道府県自殺対策計画並びに地域の実情を勘案して，当該市町村の区域内における自殺対策についての計画（次条において「市町村自殺対策計画」という。）を定めるものとする。

　ただし，「誰も自殺に追い込まれることのない社会の実現」という理念が世間に広く知られるようになる過程で，「誰も自殺を考えてはならない」という方向にミスリードされると，死にたいほど辛い人にはますます生きづらい社会にみえるかもしれない。少なくとも支援者としては，対策としての理念と個別の介入とでは異なり，「死にたいといえる関係・社会」が重要であることも意識したい。

◯ 自殺総合対策大綱

　自殺総合対策大綱はおおむね5年ごとに見直されるとされており，直近では2017年7月に「自殺総合対策大綱～誰も自殺に追い込まれることのない社会の実現を目指して～」が閣議決定された。2016年の自殺対策基本法の改訂に沿った見直しとなっており，地域レベルの実践的な取り組みのさらなる推進，若者の自殺対策，勤務問題による自殺対策のさらなる推進，自殺死亡率を先進諸国の現在の水準まで減少することを目指し，平成38年までに平成27年比30％以上減少させることを目標とすることを掲げている。

　基本理念は，誰も自殺に追い込まれることのない社会の実現を目指すとして，自殺対策は，「社会における『生きることの阻害要因』を減らし，『生きることの促進要因』を増やすことを通じて，社会全体の自殺リスクを低下させる」という視点を提示している（下線部は変更箇所）。

　そして3つの基本認識として，1．自殺は，その多くが追い込まれた末の死

6

である，2．年間自殺者数は減少傾向にあるが，非常事態はいまだ続いている，3．地域レベルの実践的な取組を，PDCAサイクルを通じて推進する，をあげている。

　自殺総合対策大綱は，この3つの基本認識を改訂の度に少しずつ変化させている。2007年にあっては，「1．自殺は追い込まれた末の死，2．自殺は防ぐことができる，3．自殺を考えている人は悩みを抱え込みながらもサインを発している」としていたが，2012年には，「1．自殺は，その多くが追い込まれた末の死，2．自殺は，その多くが防ぐことができる社会的な問題，3．自殺を考えている人は何らかのサインを発していることが多い」と，言い切るかわりに該当することが「多い」と弱めていた。今回の修正では第2，3項目を削除し，あらたな基本認識を示した。

　新しく基本認識として取り上げられたPDCAサイクルをどのように進めるのかについては大綱では明示されていないが，2017年11月に示された「都道府県自殺対策計画策定の手引」「市町村自殺対策計画策定の手引」では，以下のように説明されている。

　まず国は，自殺総合対策推進センターにおいて，全ての都道府県及び市町村ごとに自殺の実態を分析し，地域特性を考慮した自殺対策事業をまとめた政策パッケージを提供する。都道府県及び市町村は，提供を受けた政策パッケージ等を活用して地域自殺対策計画を策定（PLAN）し，それに基づいて対策を推進（DO）する。そのようにして全国で実施された政策パッケージ等の成果を，自殺総合対策推進センターが収集・分析（CHECK）し，分析結果を踏まえて政策パッケージの改善を図る（ACT）。もともとPDCAサイクルは，工場生産における品質管理の手法で，人の要素が大きくなる現場では，思考の硬直化，過剰管理によるスピード感の喪失，前例主義，仕事に対する情熱の喪失などを招くとして問題とされている。ここでは，全国の格差を埋める目的で採用されているのであり，単なる管理の道具にすることのないよう，国と都道府県，市町村の対等な協力関係の構築が期待される。支援の現場においても，地域の自殺

対策を考慮しつつも柔軟な発想で，命を守ることを優先したい。

　またこのようなしくみのもとで「自殺総合対策大綱」当面の重点施策を，下記のように12項目あげている。このうち1，7，11，12は全くの新規の項目（および変更，下線部）であり，領域としては子ども・若者，勤務問題に注目していることがわかる。また，6では精神科医療が精神保健医療福祉サービスに置き換えられており，医療につなげば終わりではなく，個別支援においては，さらに医療機関から地域へ戻ったあとも含めた「生きる」ための支援が重視されていると読むことができる。

　1．地域レベルの実践的な取組への支援を強化する

　2．国民一人ひとりの気づきと見守りを促す

　3．自殺総合対策の推進に資する調査研究等を推進する

　4．自殺対策に係る人材の確保，養成及び資質の向上を図る

　5．心の健康を支援する環境の整備と心の健康づくりを推進する

　6．適切な精神保健医療福祉サービスを受けられるようにする

　7．社会全体の自殺リスクを低下させる

　8．自殺未遂者の再度の自殺企図を防ぐ

　9．遺された人への支援を充実する

　10．民間団体との連携を強化する

　11．子ども・若者の自殺対策を更に推進する

　12．勤務問題による自殺対策を更に推進する

② 自殺の実態

☐ 自殺対策白書

　自殺対策白書には，自殺にかかる日本の実態を把握するのに，適切な情報が掲載されており，毎年更新されている。たとえば，自殺者数の推移，国際比較，男女別，年齢階級別，職業別，原因・動機別，都道府県別，月別，曜日別，手段別，場所別），自殺未遂の状況等を把握することができる。

　これらは，主に3種類の統計を用いて作成されている。一つ目は，「自殺統計」（警察庁・厚生労働省）であり，総人口（日本における外国人も含む）を対象とし，発見地を基に自殺した発見時点で計上している。捜査等により，自殺であると判明した時点で作成する自殺統計原票が集計されたものである。警察の捜査は，本来事件性（犯罪）の有無を検討するものであるから，自殺統計としての精度について限界はあるものの，同時にその捜査過程を根拠に当該自殺に関連した要因を判断している点が，他のデータにない特徴といえる。

　二つ目は，「人口動態統計」（厚生労働省）である。日本における日本人を対象とし，住所地をもとに死亡時点で計上していることから，上記の自殺統計とは対象が少し異なる。また，死亡診断書（死体検案書）に基づいた「人口動態調査死亡票」を元資料とすることから，医学的に死因を特定している。死因不明の場合は，不明のまま処理し，訂正報告がなければ，自殺には計上しないというように，警察統計とは情報源もデータ化のプロセスも異なる。

　三つ目が「消防統計」（総務省消防庁）である。自損行為，つまり故意に自分自身に傷害等を加えた事故について，救急隊が救急活動の中で把握した情報を計上している。自損行為の結果（既遂，未遂）を問わず計上することから，上記二つとは異なる対象を集計しており，異なる側面を検討することができる。

図1-2　自殺者数の推移

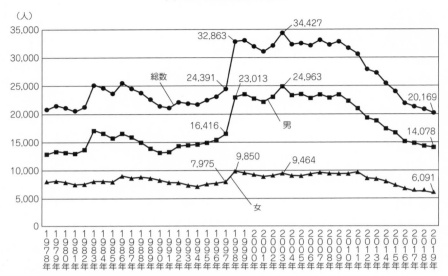

資料：警察庁「自殺統計」より厚生労働省自殺対策推進室作成。
出所：厚生労働省（2020）『令和2年版自殺対策白書』2.

☐ 自殺者数の推移

　図1-2にみられるように，日本の自殺者数は1998年に急増する。バブル崩壊期と重なっており，経済的影響が大きかったことが推測されている。ただし，自殺の原因を単純化すべきではない（たとえばバブル期に自殺がなかったわけではない。経済で説明できる割合は3割程度と推測されている）。その後2003年をピークに自殺者数は減少傾向に入り，2011年にさらに強い減少傾向となった。ただし，2016年以降，減少傾向は弱まったようにみえ，動向が注目される。この図では男女別構成比がおおよそ2対1であることも読み取れる。

　ただし，「比較」するなら実数だけではなく自殺死亡率（**図1-3**）もみなければならない。人口を考慮せずに比較すると誤読することがある。なお，長期にわたる年次変化をみるなら，年齢調整死亡率まで確認したいが，最新の白書には掲載されていない。

図1-3　自殺死亡率の推移

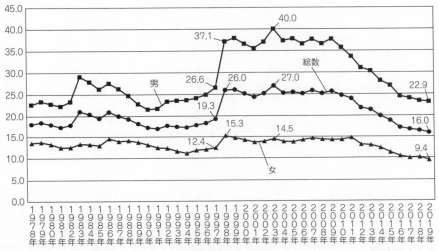

資料：警察庁「自殺統計」，総務省「国勢調査」及び総務省「人口推計」より厚生労働省自殺
　　　対策推進室作成。
出所：図1-2と同じ，４．

◯ 年齢階級別の自殺者数の推移

　年齢階級別に自殺者数を検討すると，2003年の変化は主に50代の減少，2011年にはその他の年齢層（未成年を省く）の減少によるものであることがわかる（図1-4）。なお，自殺死亡率でみると年齢階層別の差は縮まってきているが，ここでは割愛する。

◯ 職業別の自殺者数

　2019年のデータからみると，職業別で最も自殺が多いのは無職者で11,345人，次いで被雇用者・勤め人の6,202人，自営業・家族従業者の1,410人，学生・生徒等の888人となる。つまり，日本の自殺対策の最大の目標は無職者対策であるべきだが，2011年以降，明確な減少傾向を示している。無職者の内訳では，「年金・雇用保険等生活者」が多い（表1-1）。

図1-4　年齢階級別自殺者数の推移

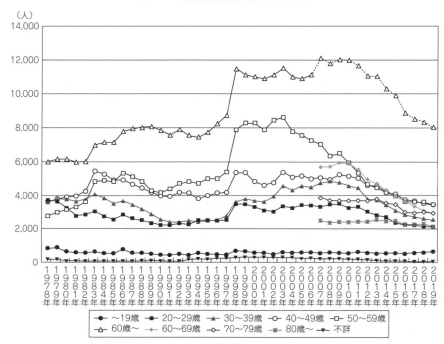

注：2006年までは「60歳以上」だが，2007年の自殺統計原票改正以降は「60〜69歳」「70〜79
　　歳」「80歳以上」に細分化された。
資料：警察庁「自殺統計」より厚生労働省自殺対策推進室作成。
出所：図1-2と同じ，6．

☐ 原因動機別の自殺者数

　原因動機については，自殺者急増以降，一貫して健康問題が一番多く，次い
で不詳，経済生活問題，家庭問題と続く。警察庁の自殺統計では遺書等の自殺
を裏付ける資料により明らかに推定できる原因・動機を自殺者一人につき３つ
まで計上可能としているため，原因・動機特定者の原因・動機別の和と原因・
動機特定者数（2019年は14,922人）とは一致しない。自殺統計ではさらに下位カ
テゴリーまで分類されているが，既述のようなデータの性質を考えると，あま
り詳細な統計をみても精度に限界がある。たとえば健康問題なら，病気の悩み

表1-1　無職者の自殺者数の推移

	主婦	失業者	利子・配当・家賃等生活者	年金・雇用保険等生活者	浮浪者	その他の無職者
2007	2,583	1,756	55	4,982	86	9,528
2008	2,349	1,890	68	5,249	79	8,644
2009	2,294	2,341	58	6,028	64	7,937
2010	2,336	1,990	67	6,068	61	8,151
2011	2,372	1,830	83	6,019	45	7,725
2012	1,968	1,404	58	6,235	45	6,941
2013	1,914	1,217	79	6,551	31	6,673
2014	1,680	1,052	67	6,250	34	6,080
2015	1,498	962	57	6,267	30	5,508
2016	1,340	888	58	5,675	26	4,887
2017	1,215	678	39	5,534	24	4,790
2018	1,095	682	57	5,484	22	4,436
2019	1,025	684	44	5,081	22	4,489

資料：警察庁「自殺統計」より厚生労働省自殺対策推進室作成。
出所：図1-2と同じ，12.

（身体の病気），病気の悩み・影響（うつ病），病気の悩み・影響（統合失調症），病気の悩み・影響（アルコール依存症），病気の悩み・影響（薬物乱用），病気の悩み・影響（その他の精神疾患），身体障害の悩み，その他となるが，遺書等の資料からの判断（病名の確定を含む）であることの限界を踏まえつつ利用したい。

　また，原因動機がそのまま個別支援のポイントにはならないことにも注意が必要である。うつ病があるから病院につなぐ，借金があるから返済する，のではなく，あくまで命を守ることを重視した上で，一人ひとりの状況と利用可能な資源との組み合わせの中で検討されなければならない。

　ただし，地域の自殺対策においては，原因動機は効率的な介入の手がかりになりえる。うつ病罹患患者の自殺が多く，支援につながっていない，という実態があるからこそ，松之山方式と呼ばれるうつ病スクリーニングを入り口とした高齢者自殺対策は功を奏して世界的に注目された。このような対策は，先に

表1-2 配偶関係別自殺死亡率

男

年齢階級	総　数[1]	20歳代	30歳代	40歳代	50歳代	60歳以上
総数[2]	26.0	23.8	23.9	26.2	32.0	27.7
有配偶者	17.4	11.5	11.0	14.9	19.4	19.8
未婚	32.7	26.9	38.3	40.2	55.3	55.8
死別	51.3	—	68.4	64.6	50.8	51.1
離別	99.2	155.8	118.5	110.9	109.0	81.6

女

年齢階級	総　数[1]	20歳代	30歳代	40歳代	50歳代	60歳以上
総数[2]	10.8	9.9	8.3	10.6	12.3	12.0
有配偶者	7.9	4.0	4.4	6.8	8.9	9.8
未婚	12.4	11.7	13.4	17.0	22.3	14.5
死別	14.4	—	31.2	13.4	18.7	14.2
離別	26.1	35.5	31.3	29.4	27.1	21.7

注：1）総数には15～19歳及び年齢不詳を含む。
　　2）総数には配偶関係不詳を含む。
資料：厚生労働省「人口動態統計」及び総務省「2015年国勢調査」より厚生労働省自殺対策
　　　推進室作成。
出所：図1-2と同じ，30.

示した自殺統計，人口動態統計，消防統計だけでは導けない。地域で独自のデータを収集し，分析する必要がある。

◯ 配偶関係別の自殺率

　表1-2には，2018年の配偶関係別自殺死亡率を，男女別に示している。男性離別者の自殺死亡率の高さが目を引く。配偶者のいないことは，ソーシャルサポートの欠如として自殺に影響を与える要因の一つとも思えるが，それならば死別や未婚との差が説明できない。推測できることとしては，たとえば精神疾患や借金など他の問題が原因となって引き起こされた副次的問題としての離別となっている場合がある。離別はむしろ多要因が関わる指標としてみるべきか

もしれない。ただし，女性の場合は死別と離別では，男性ほどの差がみられない。

☐ 自殺未遂の状況

　自殺未遂の状況は，先にあげた 3 つのデータからは十分に把握できない。しかし，警察庁の自殺統計によると，自殺者のうち，自殺未遂歴のあるのは男性で15％程度，女性で30％程度であり，いずれも20代〜40代の若年層で比率が高くなるようである。また，消防統計からは，救急搬送における自損行為の締める割合は，ここ30年間は横ばいで 1 ％弱程度であることがわかっている。

　たとえば2018年には，救急自動車の出動件数は 5 万1994件で前年に比べ1353件（0.7％）減少し，搬送人員は 3 万5156人で前年に比べ1221人（0.6％）減少している中で，搬送人員総数に占める自損行為の搬送人員の比率は0.6％であった。

地域のデータを自分で調べてみる意義

☐ 地域にかかる自殺対策計画を調べてみよう

　現在（2020年）の段階で，都道府県の自殺対策計画は出揃っている。Web で「〇〇県（都道府）」と「自殺対策計画」をキーワードに検索して，内容を確認してみよう。都道府県の自殺対策計画の基本コンテンツは，①策定の趣旨，②〇〇県（都道府）の自殺の特徴，③これまでの取り組みと評価，④今後の取り組み，⑤推進体制などである。また，都道府県の⑥自殺対策の目標を数値等で明確に示しているので，これも併せて確認してみよう。

　なお，都道府県で自殺対策の業務を担っている「自殺対策推進センター」で検索しても，多くの情報が得られる。

　市町村の自殺対策計画は，現在（2020年）に出揃っているわけではないが，入手できれば，より身近な範囲での上記①〜⑥を確認することができる。社会福祉士としての業務内容によっては，市町村自殺対策計画を調べてみる方がよいだろう。

　地域の自殺の実態については，先に述べたように都道府県自殺対策計画や市町村自殺対策計画に示されており，また都道府県の自殺対策推進センターでは，国の自殺総合対策推進センターから提供された，統計データ「自殺実態プロファイル」等を参考に，さらに詳細に提示している場合がある。なお，自殺実態プロファイルの関連データも一部公開されている（https://irpsc-jssc.jp/lib/osda/labo/profile-resources.php）。

　ただし，既存のデータを利用する場合にも，地域で活動する支援者としての知識を反映させて分析してはじめて，有用な情報を得ることができる。たとえば，原因動機別，場所や手段別など詳細を理解することができる。

資料1-1　地域における自殺の基礎資料

☐ 手順

① 厚生労働省の自殺対策の Web サイトにある「自殺の統計：地域におけ
る自殺の基礎資料」を表示する（http://www.mhlw.go.jp/stf/seisakunitsuite/bunya/
hukushi_kaigo/shougaishahukushi/jisatsu/index.html#HID8）。

「各年の状況」では，年間の確定値を公表したときの資料を掲載している。
（毎年 3 月頃）を掲載している。

② 「地域における自殺の基礎資料」をクリックする（**資料1-1**）。

③ 「地域における自殺の基礎資料」では，全国・各都道府県・各市区町村
の各月の暫定値及び各年の確定値を掲載している。なお，自殺者のいない市区
町村については掲載していない。

☐ データの特徴

この Web サイトから提供される資料に用いられているデータは以下のよう

な特徴をもっている。

　自殺者数については，「住居地」及び「発見地」の2通りでそれぞれ集計している。ここで住居地とは自殺者の住居があった場所のことで，発見地とは自殺死体が発見された場所のことである。また，発見日及び自殺日の2通りでそれぞれ集計している。「発見日」とは自殺死体が発見された日のことであり，自殺日とは自殺をした日のことである。自殺の原因・動機に係る集計は，遺書等の自殺を裏付ける資料により明らかに推定できる原因・動機を3つまで計上可能としている。そのため，原因・動機特定者の原因・動機別の和と原因・動機特定者数とは一致しない。他方，自殺死亡率は，自殺者数を当該自治体の人口で割り，これを10万人当たりの数値に換算したものであり，月間と年率換算したものを掲載している。

　なお，自殺者数の公表に当たっては，他の情報と照合しても個人が識別されないよう「都道府県」及び「市区町村」の各表では，以下のとおり処理（秘匿処理）している。

① 　当該自治体内の自殺者総数の数値が1又は2の場合には，自殺の年月，
　　曜日，時間帯，男女別，年齢別，同居人の有無別の内訳のみ公表している。
② 　欄の数値が1又は2でない場合においても，当該欄の数値を表示することによって，他の欄の1又は2の数値が明らかになる場合には数値を記載していない。

☐ 関心をもってデータを検討する

　データは無目的に眺めるよりも，関心をもって読んでいくことで明らかになることも多い。自分の市町村では，「どのような人が」「どのように」自殺に追い込まれているのだろうか。

　たとえば「全国」や自分の「都道府県」，あるいは「同程度の規模」「同じような課題をかかえている」市町村と比べることで，自分の自治体の特徴がより明らかになる。あるいは，「疑問」がデータを調べる助けになる。たとえば，月

別に違いがあるだろうか。地域特性，他の行政データと比べるとどのような特徴があるだろうか。自分の実感とデータが示す実態はずれがあるだろうか。生活困窮者の現状を踏まえた地域性はデータから読み取れるだろうか。原因・動機「不詳」の割合が高くなっていないだろうか。同居者の有無（と自殺死亡率）に特徴はあるだろうか。場所，手段に特徴はあるだろうか。曜日や時間帯に特徴はあるだろうか。

　このような分析を経て，「実態をふまえた効果的な対策は取られているか」といった問いに対しても手がかりが得られる。データ分析は，支援において私たちの実感を支える根拠を提供するものであり，地域で自殺対策に取り組む際の有益なツールなのである。

☐ 検討例

　「地域における自殺の基礎資料」では，年齢別，職業別，原因・動機別，場所別，手段別に自殺者数が集計されている。まずは，自身の自治体の特徴をチェックしてみてほしい。

　発見日か自殺日か，また発見地か住居地かで異なるファイルに集計されている。最終的には相互に比べてみればよいが，危機介入を考えるつもりで，発見日・発見地から始めたらどうだろう（予防事業に結びつけるなら，住居地のほうがよいかもしれない）。そこで2019年のB8表（市町村・発見日・発見地）のエクセルファイルを開いてみる。ここでは例として，一番上にある札幌市をみていこう（**資料1-2**）。

　札幌市のデータはさらに区毎に集計されている。たとえば中央区，北区，東区は自殺者数ではいずれも40人台であるが，自殺死亡率では差が見られている。どうやら同じ札幌市内でも違いがあるかもしれない。すぐ次の列から年齢階級別に集計されているので，3つの区を比べてみよう。データに慣れた人なら，この表を眺めているだけでもよいが，せっかくエクセルのデータなので，その場で該当領域を選んで，ツールバーの挿入から折れ線グラフを作成すると直感

資料1-2　地域における自殺の基礎資料：札幌（例）

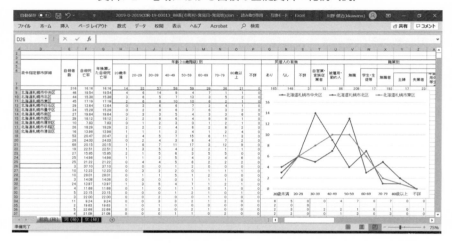

的にわかる。中央区で30代が多く，北区では50代，東区はその中間的な分布である。

　ここで重要なことは，外部の人間には数の差しか見えないということである。札幌を知っている専門職なら，上記の特徴の背景（３つの区の空間近接性，住民の生業や生活習慣，社会資源の共通性と相違点）を推測可能ではないだろうか。地域データは，地域に精通している人が自分で分析してはじめて「意味を語りだす」のである。

　職業は３通りの区分法があるが，同様に比べてみると，いずれも「年金・雇用保険等生活者」の自殺が多いが，中央区では主婦の自殺も多いことがわかる。その理由もまたこのデータだけではみえてこない。地域で支援に取り組む専門職の実感や，他の調査データとつきあわせれば納得できる説明ができるかも知れない。

　次の列からは発生場所であるが，東区は７割が「自宅等」で発生していることがわかる。また，手段別で眺めると中央区と北区の飛び降りが特徴的だが，ビルが多いのだろうか。原因動機では，中央区で経済生活問題での自殺が多い。

それぞれどのような人や場所に焦点をあてて危機介入の体制を整えていくのか
が少しずつみえてこないだろうか。

引用・参考文献

「自殺総合対策大綱～誰も自殺に追い込まれることのない社会の実現を目指して～」.
厚生労働省（2015）『平成27年版自殺対策白書』.
厚生労働省（2020）『令和2年版自殺対策白書』.

第2章

自殺が起こる背景の理解

• • •

① 自殺の危険因子

自殺の危険因子とは何か

　自殺の危険性を高める要因のことを，自殺の危険因子とよぶ[(1)]。自殺が起こる背景として，時に一つの危険因子（たとえば経済的問題やいじめ問題など）のみがクローズアップされ，それだけが自殺の原因であるかのように表現されることがある。しかし，自殺は何か一つの要因のみで起こるものではない。複数の危険因子が複雑に絡み合い，それが人の自殺リスクを高めるのである。もちろん要因は人により異なり，その絡み合い方も人により違う。

　そのため自殺予防には，保健医療，福祉，教育，経済，司法など専門領域を越えた連携と協働が必要である（自殺予防総合対策センター　2014）。社会福祉士や精神保健福祉士などのソーシャルワーカーは，自殺のリスクが疑われるクライエントの複雑な生活状況や自殺のリスクを包括的にアセスメントし，フォーマル・インフォーマルな社会資源の活用とともに，多職種・多機関と連携し，クライエントと共に問題解決していくことが求められる（小高　2012）。

　World Health Organization（WHO：世界保健機関）は，2014年に初めての世界自殺レポート[(2)]を発表した（自殺予防総合対策センター　2014）。その中で紹介されている自殺の危険因子を**表2-1**に整理した。WHO の報告書では，主な危険因子を，「保健医療システム」「社会」「地域」「人間関係」「個人」（自殺予防総合対策センター　2014：12）の５つのレベルに分類している。

　本節では，数多く報告されている自殺の危険因子のなかから，WHO の世界自殺レポートで，「個人」の領域に分類されている，①過去の自殺企図，②精神障害，③失業もしくは経済的損失（本節では経済的損失とする），④慢性疼痛（本節では身体疾患とする）について解説を加えたい。

表2-1　自殺の主な危険因子

領　域	危険因子	説　明
保健医療 システム	ヘルスケアへの アクセスの障壁	• 自殺の危険の低減には，ヘルスケアへの適時かつ効果的な アクセスは欠かせない。
社　会	手段へのアクセ ス	• 手段への直接のアクセス，もしくは手段（農薬，銃器，高 所，線路，毒物，医薬品，車の排ガスや木炭等の一酸化炭 素源，そして他の低酸素・有毒ガスを含む）が身近にある こと。
	不適切なメディ ア報道	• 有名人の自殺を根拠もなくとりあげること，自殺や群発自 殺に使用された通常では用いられない手段を報道するこ と，使用された手段に関する写真や情報を紹介すること， あるいは危機や逆境への容認可能な対応として自殺を正常 化することは，不適切なメディア報道にあたる。 • インターネットやソーシャルメディアは，自殺関連行動を 扇動したり助長することに関係している。
	援助希求行動と 関連するスティ グマ	• 自殺関連行動，メンタルヘルス問題，物質乱用や他の情緒 的ストレッサーに関する援助希求行動へのスティグマは， 多くの社会に存続し，人々が必要としている援助を受ける 際の重大な障壁となりうる。
地　域	災害，戦争，紛 争	• 自然災害，戦争や内戦の経験は，社会的に満たされた状態 （Social Well-being），健康，住居，雇用，そして経済的 安定に破壊的なインパクトをもたらす。
	異文化への適応 と強制移動のス トレス	• 先住民や，亡命希望者，難民，拘置所に入っている人々， 国内で強制移動させられた人々，新しい移民等を含む多く の脆弱性の高い集団の自殺の危険性を高くする。
	差　別	• 収監中や拘留中の人々。 • レズビアン，ゲイ，バイセクシュアル，トランスジェンダ ー，インターセックスである人々。 • いじめ，ネットいじめ，仲間いじめの影響を受けた人々。 • 難民，亡命希望者，移民　等。
	トラウマもしく は虐待	• トラウマもしくは虐待は，情緒的ストレスを増加させ，既 に脆弱性の高い人々のなかでは，うつ病や自殺関連行動の 引き金となりうる。 • 幼少期の家族の逆境（身体的暴力，性的・精神的虐待，ネ グレクト，不当な扱い，家族の暴力，両親の別居や離婚， 施設や福祉におけるケア）の経験。

人間関係	孤立感および社会的支援の不足	• パートナー，家族，仲間，友人そして重要な他者にあたる人々から分断された感覚を持つときに孤立が起きる。 • 孤立感は，負のライフイベントや他の心理的ストレスを親しい人と分かち合えないときに生ずることが多い。 • とりわけ独居の高齢者にとっては，社会的孤立感や孤独感は自殺の重要な寄与因子となりうる。
	人間関係の葛藤，不和，喪失	• 人間関係の葛藤（例えば，離別），不和（例えば，子どもの親権争い），喪失（例えば，パートナーの死）は，悲嘆や状況的心理的ストレスとなる可能性があり，自殺の危険の増大と関連する。 • 不健全な人間関係も危険因子となりうる。女性に対する性暴力を含む暴力は一般的に起こることであり，その多くが親密なパートナーによる。
個 人	過去の自殺企図	• 将来の自殺の危険の最大の指標は，過去における1回以上の自殺企図である。
	精神障害	• 自殺関連行動と最も関連のある精神障害はうつ病とアルコール使用障害である。
	アルコールの有害な使用	• アルコールや他の物質使用が，他の精神障害と併存すると，自殺の危険性はさらに高まる。
	失業もしくは経済的損失	• 失業，家の差し押さえ，経済的不安定は，抑うつ，不安，暴力やアルコールの有害な使用等の他の危険因子が併存するとき，自殺の危険を高める。
	絶 望	•「将来」「動機」「期待」の喪失。
	慢性疼痛	• 痛み，身体的能力障害，神経発達障害や苦痛等を伴う疾患はすべて自殺の危険を高める。これらは，がん，糖尿病とHIV／AIDSを含む。
	自殺の家族歴	• 家族や地域メンバーの自殺は，人生にとりわけ破壊的な影響をもたらしうる。 • 悲嘆に加えて，死の性質が，家族や愛する人にとって，ストレス，罪悪感，恥，怒り，不安や心痛を引き起こすかもしれない。（スティグマが援助希求行動を妨げる可能性がある）
	遺伝学的および生物学的因子	• 低レベルのセロトニンは，気分障害，統合失調症やパーソナリティ障害を有する患者の深刻な自殺企図と関連する。

出所：自殺予防総合対策センター監訳（2014）『自殺を予防する——世界の優先課題』30-42をもとに筆者が作成.

◯ 過去の自殺企図

　一般的に，一人の自殺者あたり，20人の自殺企図者がいると言われている（自殺予防総合対策センター 2014）。過去の自殺企図は，将来の自殺の最大の危険因子である。その行為ではただちには死に至らないような，リストカットや過量服薬といった自傷行為を行う人も，そのような行為がない人と比較すると，将来自殺で命を落とす可能性が高い。自傷行為・自殺未遂を行った人が 1 年後に自殺で亡くなる割合は0.5〜 2 ％， 9 年後の自殺既遂割合は 5 ％以上，また一般人口と比べて，自殺で亡くなる確率は数百倍とも推定されている（Owen et al. 2002）。クライエントの自殺リスクを評価する際には，過去の自傷行為や自殺企図についての情報を得ることが重要である。

　自殺企図には，カタルシス効果があるといわれている（高橋 2014）。カタルシス効果とは，自殺企図前の身体的緊張や否定的な感情が，企図により緩和されることを指す。自殺企図後のクライエントは，何事もなかったかのような明るさを見せたり，深刻さが感じられなかったり，まるで「狂言自殺」かのような印象を与えることがある。しかし，自殺未遂後も生きづらい状況は変わらない。そればかりか，自殺未遂による後遺症や周囲からの偏見の高まりなどにより，状況がさらに悪化する可能性があることに留意したい。

　前述の通り，自殺企図は将来の自殺既遂につながる可能性が高く，再企図を予防する支援や取り組みが重要である。日本では「自殺対策のための戦略研究」（厚生労働科学研究費補助金）の一環として，「自殺企図の再発防止に対する複合的ケース・マネージメントの効果：多施設共同による無作為化比較研究（ACTION-J）」が実施された（Kawanishi et al. 2014）。この研究では，救命救急センターに搬送された自殺未遂者に対する支援プログラムが開発され，その効果が検証された。その結果，自殺未遂者の自殺再企図を 6 か月間，抑止する効果があることが明らかになった。特に，女性，40歳未満，過去の自殺企図歴があった自殺未遂者に，より効果的であった。同研究成果を受けて，2016年度に「救急患者精神科継続支援料」[(3)]の診療報酬算定要件が新設された。これには社

会福祉士や精神保健福祉士による当該支援も診療報酬加算されることになっている。

　ソーシャルワーカーは，医療機関だけではなく地域の様々な事業所においても，自殺企図歴のある，あるいは自殺企図におよぶクライエントの支援にたずさわる可能性がある。実際，東京社会福祉士会会員を対象とした調査研究では，調査に回答した社会福祉士の約7割が，業務上，自殺関連行動（自殺既遂，自殺企図，自殺念慮）のあるクライエントとのかかわりを経験していた（Kodaka et al. 2013）。そのうちの約半数は，自殺企図歴のあるクライエントとのかかわりであった。ソーシャルワーカーとして，自殺未遂者の支援についても，一定程度，理解しておく必要があるといえよう[4]。

◯ 精神障害

　自殺既遂者の多くは，自殺直前に何かしらの精神疾患の診断がつく状態にあったと推測されている（Arsenault-Lapierre et al. 2004; Bertolote et al. 2004）。その割合は9割ともいわれている（Arsenault-Lapierre et al. 2004）。そのうち43.2％にうつ病や双極性障害が，25.7％にアルコールや薬物乱用または依存といった物質関連障害が，16.2％にパーソナリティー障害，9.2％に統合失調症を含む精神病性障害があったのではないかと報告されている。ただし，精神障害のある人の全てが自殺を考えたり行動したりするわけではないこと，自殺で亡くなる人の全てが精神障害を有するわけではないことも合わせて理解しておくべきである。

①　うつ病

　うつ病のある人は病気に罹患していない人と比べて，自殺で亡くなるリスクは21倍ともいわれている（Harris & Barraclough 1998）。うつ病の患者の約4％が自殺で亡くなり，特に男性や自殺リスクのために精神科での入院治療が必要な人のリスクが最も高いという（Coryell & Young 2005）。

　うつ病は，極度な気分の落ち込みなど心理面だけでなく，食欲や睡眠の問題，

表2-2　アルコールの負の影響

アルコールとうつ，自殺にはつながりがあります。
アルコールは不眠症を悪化させ，それまで普通に眠れていた人まで不眠症にしてしまうことさえあります。眠れないのであれば，専門医に睡眠薬の服用について相談しましょう。アルコールの依存性は睡眠薬の依存性よりはるかに強力です。
アルコールは思考の幅を狭め，自暴自棄な結論を導き出しやすくさせます。悩みを抱えているときに，飲みながら物事を考えるのはとても危険なことです。
アルコールはうつ病を悪化させ，健康な人にもうつ病を引き起こします。酔っているあいだは気持ちが多少和らいだ気がしても，酔いから覚めた後には，前よりも気分の落ち込みが悪化します。
アルコールは抗うつ剤の効果を弱め，予期しない副作用を引き起こすことがあります。精神科で投薬治療を受けている人は飲酒すべきではありません。
アルコールの酔いは自殺を引き寄せます。アルコール依存症だけが問題なのではありません。一日，日本酒換算で２合半以上の飲酒は自殺のリスクを高めることが知られています。

出所：自殺予防総合対策センター『のめばのまれる』.

倦怠感など，身体症状にも表れることがよく知られている。身体の不調を訴え続けるクライエントが，検査を受けても特に身体的疾患が見つからならない場合は，うつ病も疑い，クライエントに精神科や精神保健福祉センター等の専門家に相談することをすすめる必要があるかもしれない。

②　アルコールの有害な使用

　アルコールには様々な負の影響があり，自殺とも強い関連がある（**表2-2**）。アルコール乱用や依存は，将来の自殺のリスクを60〜120倍も高める（Murphy & Wetzel 1990）。日本での調査によると，依存症専門医療機関におけるアルコール使用障害患者が自殺企図を経験した割合は約３割（松本ほか 2000；松本ほか 2009），全国の断酒会員を対象とした調査では，約２割が自殺の計画や自

表2-3　チェックリスト

【C.A.G.E.】こんなことはないですか？

1	あなたは今までに，自分の酒量を減らさなければいけないと感じたことがありますか？ (Cut down)
2	あなたは今までに，周囲の人に自分の飲酒について批判されて困ったことがありますか？ (Annoyed by criticism)
3	あなたは今までに，自分の飲酒についてよくないと感じたり，罪悪感をもったことがありますか？ (Guilty feeling)
4	あなたは今までに，朝酒や迎え酒を飲んだことがありますか？ (Eye-opener)

もしも2項目以上あてはまるのであれば，たとえきちんと仕事ができていたとしても，また，健康診断で肝臓の機能が正常だといわれていたとしても，あなたのアルコールの飲み方は問題があります。専門医に相談されることをお勧めします。

出所：表2-2と同じ.

殺企図の経験をしていた（赤澤ほか 2010）ことが明らかにされている。さらに，自殺で亡くなる人の3割以上が，自殺行動に及ぶ前に飲酒していたことが明らかとなっている（Cherpitel et al. 2004; 伊藤・伊藤 1988）。

　クライエントの飲酒状況をアセスメントし，アルコール問題に気づき，必要に応じてクライエントが専門的な治療や支援を受けられるようなソーシャルワークの展開が期待される。アルコール問題について簡便に確認できる CAGE（Ewing 1984）は（**表2-3**），クライエントとの面接場面でも活用できよう。また，健康を害するような飲酒行動ではなかったとしても，睡眠の問題やストレスなどをアルコールで紛らわそうとしている場合は，「より前向きな対処方略」（本章表2-4「主な自殺の保護因子」参照）を選択できるような支援が求められる。

③　睡眠障害

　睡眠の問題がある人はない人に比べ，自殺のリスクが21.6倍も高いことが推測されている（Kodaka et al. 2014）。睡眠問題はうつ病などの精神疾患の一症状であることも多い。一方，精神疾患の有無にかかわらず，睡眠の問題が直接的に自殺のリスクを高めることが明らかになっている。睡眠の問題に加え，他の危険因子を有する人は，自殺のリスクに特に注意すべきであるといわれている。

④　専門家への相談や受診

　精神疾患は決してまれな病気ではない。一般市民の4人に1人が，何かしらの精神疾患を経験する（川上 2007）。うつ病は生涯に約6％，大よそ16人に1人が経験する病である。しかし，専門機関に相談したり受診したりする人の数は決して多いとはいえない。

　川上（2007）は，精神疾患に罹患した人が受診や相談をする割合は，約3割であると報告している。また，うつ病を患った人が医療機関を受診したとしても，初診で精神科を受診する割合は6％弱，心療内科と合わせても1割に満たないという（三木 2002）。多くは初診で内科（64.7%）を受診しており，次いで婦人科（9.5%），脳外科（8.4%）と続く。

　クライエントの精神科受診歴がないからといって，精神疾患に罹患していないとはいい切れない。うつ病などがありながらも，精神科にかかっていない人が大多数であるということに留意する必要がある。

　受診の必要性を感じながらも受診しなかった理由として，最も多かったのは「自力で問題に対処したかった」（68％），次に「問題はひとりでに改善するだろうと思っていた」（48％），「その問題は最初，それほど困らなかった」（47％），「どこに行けば良いか，誰に見てもらえば良いかわからなかった」（41％）が挙げられている（川上 2007）。精神疾患への正しい知識や情報不足が，受診や相談を妨げている可能性を示唆している。必要に応じて，メンタルヘルスに関する適切な情報をクライエントに提供し，精神保健領域の専門職とも連携していくことが肝要である。詳細は本書第4章第1節を参照してほしい。

一方，日本における心理学的剖検調査[5]では，自殺既遂者の約半数が，自殺で亡くなるまでの１年間に，精神科や心療内科を受診していたことが明らかになっている（Hirokawa et al. 2012）。精神疾患の治療は重要であるが，それだけでは自殺の問題は解決されないことが多いことを示唆しているのではないだろうか。自殺のリスクを高める他の背景要因にも向き合い，専門領域を超えたチームアプローチが必須である。

☐ 経済的損失

　1998年に日本の年間自殺者数が前年比で約35％増加し，３万人を超えたことはよく知られている。この急増には中高年男性を中心とする「経済・生活問題」を背景としたものが影響しており，バブル崩壊後の社会経済的状況の悪化によるものが大きいと推測される。その後も「経済・生活問題」は中高年男性の自殺の原因の上位にあがり，なかでも負債の問題は自殺対策における重要な課題の一つとなってきた（亀山ほか 2010）。

　負債を抱えた中高年男性には自営業者が多く，その自殺の背景には経営問題があった可能性が示唆されている（亀山ほか 2010）。そして負債の返済や利息の支払いのため，多重債務の状態に陥ることが特に問題となっている。そのほか，負債があった自殺既遂者には，離婚経験者が多く，職業的・経済的問題だけではなく，家庭でも何かしらの困難を経験しており，様々な精神的負担が強い状況にあったことも報告されている。

　さらに負債を抱えた既遂者は，アルコールの有害な使用があった人が多いにもかかわらず，死亡前に精神科を受診していた人は少ないともいう（亀山ほか 2010）（アルコールの問題については，前述の「精神障害」の小見出しを参照）。中高年男性が経済的問題を含めた多様なストレスを，誰にも相談せずに飲酒という対処方法で紛らわすことがないような支援のあり方が求められよう。特に産業保健が十分に行き届いていない自営業者などに対しては，地域の商工会議所などとも連携して，メンタルヘルスに関する支援体制の整備が急がれる（亀山ほ

か 2010）。

　自殺予防総合対策センターが2011年に発行した『いきるを支える：精神保健と社会的取り組み相談窓口連携の手引き[6]』では，精神保健福祉士と司法書士との連携モデルを提示している。なお，司法領域との連携については本書第5章を参照されたい。

身体疾患

　日本で，自殺の原因・動機として最も多いのが「健康問題」である（厚生労働省 2020）。この「健康問題」には，精神疾患と身体疾患の両方が含まれる。自殺対策では，精神疾患により多くの注目が集まっているかもしれないが，自殺の危険因子として身体疾患も忘れることができない。実際に，日本の総合病院のあらゆる診療科で，入院患者の自殺が発生している（河西ほか 2008）。

　自殺のリスクを高める身体疾患には，神経疾患，てんかん，頭部外傷，脳梗塞，がん，HIV，慢性的な病状など，様々な疾患が含まれる（河西・平安 2007）。日本の調査研究では，がんと診断された人が診断後1年以内に自殺や事故で死亡する危険性は，がんに罹患していない人と比べて約20倍高いことが明らかになっている（Yamauchi et al. 2014a）。また脳卒中を発症した人では，5年以内に自殺や事故で死亡する危険性が，脳卒中を発症していない人に比べ約10倍高いとも言われている（Yamauchi et al. 2014b）。

　身体疾患が自殺につながる過程は，ライフサイクルによって異なる（小高ほか 2016）。身体疾患の罹患がライフサイクル上，身体的・心理的・社会的にどのような強度で影響を与え，それがどのようなプロセスを経て自殺のリスクにつながる可能性があるかを見極めることが大切である。

女性の自殺の背景

　これまでの日本の自殺対策は，中高年男性に大きく焦点が当てられてきた印象がある。自殺死亡率は一部の国を除いて男性の方が女性よりも高い（自殺予

防総合対策センター 2014）。日本の自殺死亡率は，男性が女性の約 2 倍である。一方，高所得国の多くでは，自殺死亡率の男女比は 3：1 で（自殺予防総合対策センター 2014），日本の女性の自殺死亡率は，OECD 加盟国の中で 3 番目に高く（OECD 2021），先進 8 か国では最も高い（厚生労働省 2020）。また，10〜54 歳の各年代で，女性の死因 1 位と 2 位で自殺がエントリーしている（厚生労働省 2020）。このように日本では男性だけでなく，女性の自殺についても深刻な状況なのである。

　自殺の背景には性差が認められる。たとえば，産後うつ（De Avila Quevedo et al. 2020）や周産期の感情障害および不安障害（Grigoriadis et al. 2017）は女性特有の危険因子である。自殺の危険因子の一つである心的外傷後ストレス障害（PTSD）の原因となるドメスティック・バイオレンスについては，女性は男性の 9 倍も経験する人が多い（Devries et al. 2011）。幼少期の性的虐待も自殺の危険因子である（Joiner et al. 2007）。さらに発症する人の 9 割が女性である摂食障害（American Psychiatric Association 2013）も危険因子である（Pompili et al. 2006）。

　さて，日本の心理学的剖検調査の結果，経済的な悩みや返済困難な借金を抱えていた人の割合は女性よりも男性の方が多かった（Kodaka et al. 2017）。経済状況の緩徐な改善は，働き盛りの男性の自殺減少につながったのかもしれない。一方，女性の自殺既遂者は男性よりも，自傷行為・自殺未遂歴がある人の割合が高かった。自傷行為や自殺未遂を繰り返す女性の集中的治療や支援体制の整備が求められるといえよう。

　また，女性の自殺既遂者は男性よりも，亡くなる前に身近な人に自殺念慮を発信している傾向にあった（Kodaka et al. 2017）。しかし，自殺念慮あるいは自傷行為や自殺未遂を繰り返している場合には，家族の疲弊や陰性感情（人に対して関わりづらいあるいは関わりたくないといった嫌悪や怒り，不安などの負の感情）の高まりを引き起こしかねない。それにより結果的に，女性たちのリスクの高まりを見過ごしてしまう危険性も考えられる。

　そのため，そのような家族等への心理教育や精神的サポートも含めたソーシャルワークが求められる。他方，自殺既遂者が生前，保健医療従事者につながっていた場合でも，最後の診察時に自殺念慮を訴えた人は約 2 割程度であったとの報告もある（Isometsä et al. 1995）。特に自殺念慮の発信や自殺未遂を日常的に繰り返す女性に対しては，その女性の身近なインフォーマルな支援者とも連携し，日頃から自殺リスクの高まりに留意して，危機介入できるような地域支援のネットワークを構築しておく必要があるだろう（Kodaka et al. 2017）。

② 自殺の保護因子

　人を自殺から守る役割を果たす要因を保護因子とよぶ。保護因子が現在に見つからなければ，過去に，そして未来に求めてみる。つらい状況の中でこれまで生きてこられた理由は何かを，クライエント本人に問うことで，保護因子の同定に役立つこともある。**表2-4**に，WHOが世界自殺レポートで示している保護因子を整理した。そこに示されている3つの項目について，解説を加える。

◻ 強い個人の人間関係

　自殺を考えるまでに追い込まれた人は，どのように問題を解決したらよいのか，どこに相談したらよいのかわからないことが多い。また追い込まれた心理状態ゆえに（本章の次節を参照），悩みを打ち明けられなかったり，支援を拒否したりすることもある。たとえ，クライエントが支援を拒否したり，自殺未遂を繰り返したり，自殺念慮を訴え続けていても，常に真摯な態度で向き合える人の存在が重要である。

　一方，自殺のリスクが疑われる人の相談を一人で抱え込むのは危険である。一人で対応しようとすることで，相談を受けている側がバーンアウトしてしまう可能性が高い。また，十分な対応がなされないことで，リスクのある人の不利益にもつながりかねない。繰り返しになるが，自殺は複数の要因が，複雑に絡み合って起こる事象である。それに対応すべく，専門領域を超えて，フォーマル・インフォーマルな立場でかかわる人たちが，本人のよりよい生活や人生を目指して連携することが大切である。ソーシャルワーカーには，クライエントが信頼できる関係者や関係機関と確実につながるための支援の展開，地域におけるソーシャルサポートネットワークの構築と強化，そしてネットワークを活用したソーシャルワークの実践が求められる。この働きかけにより，クライ

表2-4　主な自殺の保護因子

保護因子	内　容
強い個人の人間関係	• 健康的で親密な人間関係を育み，維持することは，個人のレジリエンスを高め，自殺の危険に対する保護因子として作用する。 • 友人や家族は，社会的，情緒的，そして経済的支援の重要な資源となり，外部ストレッサーからの影響を和らげることができる。
宗教的またはスピリチュアルな信念	• 宗教やスピリチュアリティーは，共通の価値感のもと，社会的な結束のある支持的なコミュニティへのアクセスを可能にするところに保護的な価値がある。 • しかし多くの宗教および文化的信念は同時に，自殺に対する道徳的立場のために，自殺に関するスティグマの一因となるかもしれず，それが人々の援助希求行動を妨げる可能性がある。
前向きな対処方略のライフスタイル実践と満たされた状態 （Well-being）	• 健全な自尊心，効力感，そして必要なときには援助を求める能力を含む効果的な問題解決スキルは，ストレッサーや幼少期の逆境による影響を和らげてくれる。 • 精神的，身体的に満たされた状態（well-being）を促進する健康的なライフスタイルに含まれるものは，定期的な運動やスポーツ，適度な睡眠と食事，アルコールや薬物の健康への影響への考慮，健康的な人間関係や社会との関わり，そして効果的なストレスマネジメントである。

出所：表2-1，44-45をもとに筆者が作成.

エントが喪失した人間関係を修復したり，新たな関係性を築いたり，これまでの関係性をより強化したりすることが可能となるであろう。

◯ 宗教的またはスピリチュアルな信念

　信仰は自殺企図の保護因子になる。しかし，少数派の宗教団体は，社会的に

孤立感を抱いている可能性があり，保護因子となるかは，特定の宗教への信仰に対する文化的意味合いにより変わってくると考えられている（Lawrence et al. 2016）。また信仰は，その道徳的立場により，自殺に対するスティグマの原因となるかもしれない（自殺予防総合対策センター 2014）。その場合，信者たちが援助を求めることにためらいを感じる可能性がある。

　特定の宗教を信仰していなくても，自殺を抑止する信念が自殺の保護因子となることもあるだろう。しかし，逆に，支援者自身が自殺に対してそのような強い信念を持っていた場合，自殺を考えるクライエントに受容的・共感的な態度で接することに大きな抵抗を感じることがあるかもしれない。他方，支援者が自殺を容認する態度は，支援の実践に負の影響を与えることが報告されている（小高 2012）。これらのことから，ソーシャルワーカーは，自らの自殺に対する考え方をしっかりと自己覚知することから始める必要があるといえよう。

◻ 前向きな対処方略のライフスタイル実践と満たされた状態

　クライエントが自ら問題を解決していくことができるように伴走するソーシャルワークは，まさに前向きな対処方略や満たされた状態（ウェルビーイング）の強化につながるだろう。たとえば，自殺念慮の高まりに対する対処方略を，クライエントと共に考えることもその一つとなる。

　そこではまず，自殺念慮が高まるきっかけとなり得る要因を，クライエントと一緒に探索することから始まるかもしれない。たとえば，クライエントに，自殺したい気持ちが強まる直前に起きたできごとや，それに対する認知や感情などを想起してもらい，その傾向を共に検討する。そして次に似たようなできごとに直面した時に，それを乗り越えるためには，どのような方策を選択するのか話し合ってみる。あるいは解決志向アプローチのスケーリングのクエッション（桐田ほか 2016）を用いて，つらい気持ちを軽減させる方法を模索することもできる。たとえばクライエントに，今の「死にたい」と考える気持ちの強さを，０（死にたい気持ちは全くない）から10（今すぐ死んでしまいたいと思うく

図2-1　危険因子の予防・減少と保護因子の増強の重要性

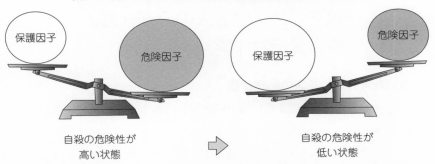

出所：小高ほか（2015）『ソーシャルワーカーにできる自殺予防自殺の危機にあるクライエントの支援に備えたソーシャルワーク教育プログラム（第1版）』, 15.

らいの気持ち）の数値で表わしてもらう。その数値を１つ下げるためには何ができそうかを一緒に考えてみる。あるいは今の数値よりも低かった時は，今と何が違ったのかを振り返ることもできるかもしれない。

　さらに自殺したい気持ちが強まった際に，誰にあるいはどこに相談するのかを共に決めておくことも大切である。援助を求める力は，一つの大きな保護因子になる。

◯ 保護因子を増強することの重要性

　人は誰しもが自殺の危険因子を経験する可能性がある。しかし，当然のことならが，危険因子を経験する人の全員が自殺を考えるわけではない。図2-1のように，危険因子の比重が大きくなり，保護因子が少ないあるいは脆弱であると，自殺の危険性が高い状態に傾く。一方，危険因子はありながらも，保護因子が多いあるいは頑強であれば，自殺の危険性が低い状態に傾く。危険因子の多くは流動的である。その変化に寄り添い，危険因子を予防，軽減，解決につなげるだけでなく，クライエントのストレングスや，これまで自殺せずに生きてくることができた理由の探索など，保護因子を同定し，増強，活用するソーシャルワークの実践が求められよう。

③ 自殺を考えている人の心理状態と自殺の警告サイン

☐ 自殺を考えている人の心理状態

　自殺を考えている人は，「心理的視野狭窄」にあるといわれている。こころの視野が狭くなっている状態のことを指す。今の苦しみから抜け出すためには，死が唯一の選択肢であるかのように感じてしまうのである。たとえほかに選択肢があったとしても，そこには注意が向けられず，「死ぬこと」「自殺」しか見えない心理状態に陥ってしまうのだ。

　また，自殺を考えている人は，非常に深い「孤立感」「孤独感」「絶望感」を抱いている。自分には価値がないというように信じ込んでいることもある。しかし，自殺を考えている人は，「死にたい」という気持ちの一方で，生きたいという気持ちがあり，その間を揺れ動いている。これを「両価性」と呼ぶ。深い孤立感・孤独感・絶望感を抱き，自殺することしか見えなくなってしまっている心理状態に陥りながらも，100％死ぬことを決意しているわけではない。こころの片隅では，「生きたい」という気持ちを持ち続けているといわれている。つまり，自殺の危険性が高い人は，生涯に渡り危険性が高い状態にあるのではなくて，適切なサポート等を得ることで，生き続ける方向にシフトすることができるのである。

　心理学者であるジョイナーは，自殺の対人関係理論として，自殺の危険因子を3つの要因に整理している（北村 2011）。1つ目が，「負担感の知覚」（自分が生きていることで家族や社会の負担になっているという認識），2つ目が「所属感の減弱」（孤独感，孤立感，社会的疎外感），3つ目は「身についた自殺潜在能力」（自ら命を絶つ行動をとる能力が，自傷行為・自殺未遂，暴力行為など恐怖や疼痛を伴う体験の繰り返しにより身につく）である。この3つが全て揃うと自殺が起きるといわれている。クライエントの「負担感の知覚」と「所属感の減弱」への

介入については，日ごろのソーシャルワーク実践で行っているのではないだろうか。ここでも自殺予防における，ソーシャルワークの重要性が確認できよう。

◯ 自殺の警告サイン

　自殺のリスクが高い人は，自らがつらい状況にあるということを誰かにわかってもらいたいと感じている。そのため，それを自殺の警告サインとして発信していることが多い。突然，何の前触れもなく，何の予告もなく自殺が起こることは，ほとんどないといわれている。

　資料2-1が主なサインとされている（厚生労働省・中央労働災害防止協会2010：26-27）。

　まずはクライエントの自殺の警告サインに気づくことが大切である。前記の通り，サインにはさまざまなものがあり，これだけに気を付けておけばよいというものはない。ソーシャルワーカーには，クライエントの「どこかいつもと違う」状況に気づき，行動することが求められる。アンテナを高く張って，クライエントの自殺の危険性に気づけるよう，日ごろから心がけることが大切である。

　リスクが疑われる場合は，次章でも触れられているように，クライエントに「自殺を考えているか」「死にたいと思っているか」たずねることが大切である。その質問により，クライエントの自殺を後押ししてしまうのではないかと不安になるかもしれない。しかし，それがクライエントの自殺を助長することはないと報告されている（Gould et al. 2005; Mathias et al. 2012; Robinson et al. 2011）。むしろ，自殺について話題にすることで，本人にポジティブな変化をもたらすこともあるという。自殺念慮の確認は，リスクアセスメントの一部としてだけでなく，「死にたい気持ちについて話してもよいのだ」「この人なら理解してくれる」といった，本人の安心感の高まりや支援者との信頼関係の強化にもつながる可能性がある。

　クライエントが，いつ・どこで・誰に対して警告サインを表出するかを予測

資料2-1 自殺の警告サイン

- 感情が不安定になる。突然，涙ぐみ，落ち着かなくなり，不機嫌で，怒りやイライラを爆発させる。
- 深刻な絶望感，孤独感，自責感，無価値感に襲われる。
- これまでの抑うつ的な態度とは打って変わって，不自然なほど明るく振る舞う。
- 性格が急に変わったように見える。
- 周囲から差し伸べられた救いの手を拒絶するような態度に出る。
- 投げやりな態度が目立つ。
- 身なりに構わなくなる。
- これまでに関心のあったことに対して興味を失う。
- 仕事の業績が急に落ちる。職場を休みがちになる。
- 注意が集中できなくなる。
- 交際が減り，引きこもりがちになる。
- 激しい口論やけんかをする。
- 過度に危険な行為に及ぶ（例：重大な事故につながりかねない行動を短期間に繰り返す）。極端に食欲がなくなり，体重が減少する。
- 不眠がちになる。
- さまざまな身体的な不調を訴える。
- 突然の家出，放浪，失踪を認める。
- 周囲からのサポートを失う。強い絆のあった人から見捨てられる。近親者や知人の死亡を経験する。
- 多量の飲酒や薬物を乱用する。
- 大切にしていたものを整理したり，誰かにあげたりする。
- 死にとらわれる。
- 自殺をほのめかす（例：「知っている人がいない所に行きたい」「夜眠ったら，もう二度と目が覚めなければいい」などと言う。長いこと会っていなかった知人に会いに行く）。
- 自殺についてはっきりと話す。
- 遺書を用意する。
- 自殺の計画を立てる。
- 自殺の手段を用意する。
- 自殺する予定の場所を下見に行く。
- 自傷行為に及ぶ。

出所：厚生労働省・中央労働災害防止協会（2010）「職場における自殺の予防と対応」.

することは難しい。家族や友人などには心配をかけたくないという想いから，親しい人にはサインを発しないこともあるかもしれない。だからこそその「誰でもゲートキーパー」⁽⁷⁾（厚生労働省 2012）であろう。私たち一人ひとりが周りの人に関心を寄せ，悩みに気づき，話を聴き，必要に応じた寄り添いが大切なのである。ソーシャルワーカー一人の責務として抱え込むのではなく，周囲の人たちの多くの目で見守ることができる社会を築いていくことが重要である。そのためのソーシャルアクションも，ソーシャルワーカーの大きな役割の一つではないだろうか。

注

(1)　WHO による世界自殺レポートでは，自殺は，「故意に自ら命を断つ行為」（自殺予防総合対策センター 2014, 12）としている。また自殺企図は，「非致死的な自殺関連行動を意味し，死ぬ意図があったか，結果として致死的なものかどうかに関わらず，意図的な服毒や損傷，自傷行為を指す」（自殺予防総合対策センター 2014, 12）としている。それにより自殺企図には，自殺の意図がない非致死的な自傷行為も含まれることになる。自殺の意図には両価性（本章第3節を参照）や意図を隠すなど確認が困難なケースがある。また，自殺の意図のない自傷行為で死に至ったり，最初は意図に基づく自殺企図であっても，最終的には死を望まずに死亡するケースなども自殺死亡となる。自殺の意図がある自傷行為と自殺の意図のない自傷行為がどの程度の割合なのかを判断することが困難であるため，自殺企図の定義に自傷行為も含むとすると，WHO は世界自殺レポートの中で解説している。本章においても，概ねこれらの定義に基づくものとする。ただし本章中で，「自殺企図」ではなく「自殺未遂」や「自傷行為」と表記している箇所もる。

(2)　World Health Organization（WHO：世界保健機関）は2014年9月4日，はじめての世界自殺レポートである "Preventing Suicide : A global imperative" を公表した。その日本語版は自殺予防総合対策センターが監訳して『自殺を予防する──世界の優先課題』（自殺予防総合対策センター 2014）として同日に公表された。日本語版の冊子は WHO のホームページ内の下記 URL からダウンロードが

可能である（http://apps.who.int/iris/bitstream/10665/131056/5/9789241564779_jpn.pdf?ua=1）（2021.1.18.）。

(3) 救急患者精神科継続支援料は，精神科医又は精神科医の指示を受けた看護師，作業療法士，精神保健福祉士，臨床心理技術者若しくは社会福祉士が，自殺企図若しくは自傷又はそれらが疑われる行為によって生じた外傷や身体症状のために医師が入院の必要を認めた患者であって，気分障害，適応障害，統合失調症等の精神疾患の状態にあるものに対し，自殺企図や精神状態悪化の背景にある生活上の課題の状況を確認した上で，解決に資する社会資源について情報提供する等の援助を行う他，かかりつけ医への受診や定期的な服薬等，継続して精神疾患の治療を受けるための指導や助言を行った場合に算定する。なお，指導等を行う精神科医又は精神科医の指示を受けた看護師等は，適切な研修を受講している必要がある。

(4) 具体的には，『精神科救急ガイドライン 2015』「第5章 自殺未遂者対応」等も参考になる。同ガイドラインは日本精神科救急学会のホームページ内の下記URLからダウンロードが可能である（http://www.jaep.jp/gl_2015.html）（2021.1.18.）。

(5) 心理学的剖検とは，故人をよく知る家族や友人など，周囲の人々から情報を収集することで，故人の生前の様子や状況を明らかにするための調査手法の総称である（小高ほか 2014）。自殺が起こる要因や背景を把握するためには，いくつかの研究手法があるが，比較的短時間で個別事例の詳細な情報収集が可能な心理学的剖検は，他の手法にはない利点があることから，自殺の実態を把握する方法として，これまでに世界各国で選択されてきた。日本では国立精神神経・医療研究センター精神保健研究所自殺予防総合対策センター（2017年度組織改変）が中心となり，2015年度まで実施されていた。

(6) 同冊子は，URLからダウンロードが可能である（http://www.ktq-kokoro.jp/data/2-10_madoguchi.pdf）（2021.1.18.）。

(7) 国は，国民一人ひとりが自殺予防のための「ゲートキーパー」であるとしている（厚生労働省 2012）。ゲートキーパーは，身近で悩んでいる人に気づき，声をかけ，話を聴き，必要な支援につなぎ，見守る役割を果たす人とされている。自殺予防のためのゲートキーパーを養成する取り組みが，自治体を中心に全国で展開されている（小高ほか 2020）。

引用・参考文献

American Psychiatric Association（2013）*Diagnostic and Statistical Manual of Mental Disorders, Fifth Edition, DSM-5*, American Psychiatric Association, Washington, D. C.（高橋三郎・大野裕監訳（2014）『DSM-5精神疾患の診断・統計マニュアル』医学書院.）

赤澤正人・松本俊彦・立森久照・竹島正（2010）「アルコール関連問題を抱えた人の自殺関連事象の実態と精神的健康への関連要因」『精神神経学雑誌』112, 720-733.

Arsenault-Lapierre, G, Kim, G.C., Turecki, G.（2004）Psychiatric diagnoses in 3275 suicides: a meta-analysis. *BMC Psychiatry*, 4, 37.

Bertolote, J.M., Fleischmann, A., De Leo, D., Wasserman, D.（2004）Psychiatric diagnoses and suicide: Revisiting the evidence. *Crisis*, 25, 147-155.

Cherpitel, C.J., Borges, G.L., Wilcox, H.C.（2004）Acute alcohol use and suicidal behavior: A review of the literature. *Alcoholism, Clinical and Experimental Research*, 28（Suppl）, 18S-28S.

Coryell, W., Young, E.A.（2005）Clinical predictors of suicide in primary major depressive disorder. *Journal of Clinical Psychiatry*, 66, 412-417.

De Avila Quevedo, L., Scholl, C.C., Matos, M.B., et al.（2020）Suicide risk and mood disorders in women in the postpartum period: a longitudinal study. *Psychiatr Quarterly*, online ahead of print.

Devries, K., Watts, C., Yoshihama, M., et al.（2011）Violence against women is strongly associated with suicide attempts: Evidence from the WHO multi-country study on women's health and domestic violence against women. *Social Sciences & Medicine*, 73, 79-86.

Ewing, J.A.（1984）Detecting alcoholism: the CAGE questionnaire. *Journal of American Medical Association*, 252, 1905-1907.

Gould, M., Marrocco, F., Kleinman, M., et al.（2005）Evaluating Iatrogenic Risk of Youth Suicide Screening Programs: A Randomized Controlled trial. *JAMA*, 293, 1635-1645.

Grigoriadis, S., Wilton, A., Kurdyak, P., et al.（2017）Perinatal suicide in Ontarion,

Canada: A 15-year population-based study. *Canadian Medical Association Journal*, 189, E1085-E1092.

Harris, E.C., Barraclough, B. (1998) Excess mortality of mental disorder. *British Journal of Psychiatry*, 173, 11-53.

Hirokawa, S., Matsumoto, T., Katsumata, Y., et al. (2012) Psychosocial and psychiatric characteristics of suicide completers with psychiatric treatment before death: A psychological autopsy study of 76 cases. *Psychiatry and Clinical Neurosciences*, 66, 292-302.

Isometsä, E.T., Heikkinen, M.E., Marttunen, M.J., et al. (1995) The last appointment before suicide: Is suicide intent communicated? *American Journal of Psychiatry*, 152, 919-922.

伊藤敦子・伊藤順通 (1988)「外因死ならびに災害死の社会病理学的検索（4）飲酒の関与度」『東邦医会誌』35, 194-199.

自殺予防総合対策センター「のめばのまれる」(https://www.city.obihiro.hokkaido.jp/hokenfukushibu/kenkousuishinka/a4101jisatsutaisaku.data/100831_nomebanomareru.pdf, 2021.1.18).

自殺予防総合対策センター (2011)「いきるを支える──精神保健と社会的取り組み相談窓口連携の手引き」(http://www.ktq-kokoro.jp/data/2-10_madoguchi.pdf,2021.1.18).

自殺予防総合対策センター監訳 (2014)『自殺を予防する──世界の優先課題』(＝World Health Organization (2014) "Preventing Suicide──A global imperative" Geneva, World Health Organization) (https://apps.who.int/iris/bitstream/handle/10665/131056/9789241564779_jpn.pdf?sequence=5, 2021.1.18).

Joiner, T., Sachs-Ericsson, N., Wingate, L., Brown, J., Anestis, M., Selby, E. (2007) Childhood physical and sexual abuse and lifetime number of suicide attempts: A persistent and theoretically important relationship. *Behavior Research and Therapy*, 45, 539-547.

亀山晶子・松本俊彦・赤澤正人ほか (2010)「負債を抱えた中高年自殺既遂者の心理社会的特徴──心理学的剖検による検討」『精神医学』52, 903-907.

川上憲人 (2007)「こころの健康についての疫学調査に関する研究」『こころの健康

についての疫学調査に関する研究　平成16-18年度厚生労働科学研究費補助金（こころの健康科学研究事業）総合研究報告書』（https://www.khj-h.com/wp/wp-content/uploads/2018/05/soukatuhoukoku19.pdf, 2021.1.18）.

Kawanishi, C., Aruga, T., Ishizuka, N., et al.（2014）Assertive case management versus enhanced usual care for people with mental health problems who had attempted suicide and were admitted to hospital emergency departments in Japan（ACTION-J）: a multicentre, randomized controlled trial. *Lancet Psychiatry*, 1, 193-201.

河西千秋・平安良雄監訳（2007）『自殺予防プライマリ・ヘルスケア従事者のための手引き（日本語版第2版）』（= World Health Organization（2000）*Preventing Suicide : A Resource for Primary Health Care Workers*. Geneva, World Health Organization）（http://www.phcd.jp/02/kensyu/pdf/2009_file16.pdf, 2021.1.18）.

河西千秋・杉山直也・岩下覚ほか（2008）「わが国の医療施設における自殺事故の現状とその対策わが国の医療施設における自殺事故の大規模調査一般病院における自殺事故の実態と自殺予防のための提言一」『精神神経学雑誌』11, 1045-1049.

北村俊則監訳（2011）『自殺の対人関係理論　予防・治療の実践マニュアル』日本評論社（= Joiner, T., Van Orden, K.A., Whitte, T.K., Rudd, M.D.（2009）*The Interpersonal Theory of Suicide: Guidance for Working with Suicidal Clients*. American Psychological Association）.

桐田弘江・玉真慎子・住谷祐子訳（2016）『解決のための面接技法（第4版）ソリューション・フォーカストアプローチの手引き』金剛出版（= De Jong, P., Berg, I.K.（2012）*Interviewing for Solutions: Forth Edition*, Brooks/Cole Pub Co.）.

小高真美（2012）「ソーシャルワーカーの自殺に対する態度と自殺予防」『ソーシャルワーク研究』38, 17-24.

Kodaka, M., Inagaki, M., Poštuvan, V., Yamada, M.（2013）Exploration of factors associated with social worker attitudes toward suicide. *International Journal of Social Psychiatry*, 59, 452-459.

Kodaka, M., Matsumoto, T., Katsumata, Y., et al.（2014）Suicide risk among individuals with sleep disturbances in Japan: a case-control psychological autopsy study. *Sleep Medicine*, 15, 430-435.

小高真美・松本俊彦・竹島正（2014）「心理学的剖検研究による自殺の実態把握
　　――自殺総合対策大綱に明記された研究手法からみえてきたこと」『精神科』25,
　　64-71.

小高真美・松本俊彦・高井美智子ほか（2016）「自殺のリスク要因としての身体疾
　　患――心理学的剖検研究における自殺事例の定性的検討」『精神科治療学』31,
　　1477-1485.

Kodaka, M., Matsumoto, T., Yamauchi, T., et al.（2017）Female suicides:
　　Psychosocial and psychiatric characteristics identified by a psychological
　　autopsy study in Japan. *Psychiatry and Clinical Neurosciences*, 71, 271-279.

小高真美・高井美智子・引土絵未ほか（2015）『ソーシャルワーカーにできる自殺
　　予防自殺の危機にあるクライエントの支援に備えたソーシャルワーク教育プログ
　　ラム（第1版）』.

小高真美・高井美智子・太刀川弘和ほか（2020）「自治体における自殺予防のため
　　のゲートキーパー研修の実施と評価に関する実態調査」『厚生の指標』67, 27-32.

厚生労働省（2012）『誰でもゲートキーパー手帳 第2版』（https://www.mhlw.
　　go.jp/file/06-Seisakujouhou-12200000-Shakaiengokyokushougaihokenfukushi
　　bu/0000168751.pdf, 2021.1.18）.

厚生労働省（2020）『令和2年版 自殺対策白書』（https://www.mhlw.go.jp/stf/
　　seisakunitsuite/bunya/hukushi_kaigo/seikatsuhogo/jisatsu/jisatsuhakusyo2020.
　　html, 2021.1.18）.

厚生労働省・中央労働災害防止協会（2010）「職場における自殺の予防と対応」
　　（https://www.mhlw.go.jp/new-info/kobetu/roudou/gyousei/anzen/101004-4.
　　html, 2021.1.18）.

Lawrence, R.E., Oquendo, M., Stanley, B.（2016）Religion and Suicide Risk: A
　　Systematic Review. *Archives of Suicide Research*, 20, 1-21.

Mathias, C., Furr, R., Sheftall, A., et al.（2012）What's the Harm in Asking about
　　Suicidal Ideation? *Suicide and Life-Threatening Behavior*, 42, 341-51.

松本桂樹・世良守行・米沢宏ほか（2000）「アルコール依存症者の自殺念慮と企図」
　　『アディクションと家族』17, 218-223.

松本俊彦・小林桜児・上條敦史ほか（2009）「物質使用障害患者における自殺念慮

と自殺企図の経験」『精神医学』51, 109-117.

三木治（2002）「プライマリ・ケアにおけるうつ病の実態と治療」『心身医学』42, 585-591.

Murphy, G.E., Wetzel, R.D.（1990）The lifetime risk of suicide in alcoholism. *Archives of General Psychiatry*, 47, 383-392.

OECD（2021）Suicide rates（indicator）. doi: 10.1787/a82f3459-en（2021.6.14.）

Owens, D., Horrocks, J., House, A.（2002）Fatal and non-fatal repetition of self-harm. *British Journal of Psychiatry*, 181, 193-199.

Pompili, M., Girardi, P., Tatarelli, G., Ruberto, A., Tatarelli, R.（2006）Suicide and attempted suicide in eating disorders, obesity and weight-image concern. Eating Behaviors, 7, 384-394.

Robinson, J., Yuen, H., Martinf, C., et al.（2011）Does Screening High School Students for Psychological Distress, Deliberate Self-harm, or Suicidal Ideation Cause Distress — And Is It Acceptable? *Crisis*, 32, 254-263.

高橋祥友（2014）『自殺の危機——臨床的評価と危機介入（第 3 版）』金剛出版.

Yamauchi, T., Inagaki., M., Yonemoto, N., et al.（2014a）Death by suicide and other externally caused injuries following a cancer diagnosis: the Japan Public Health Center-based Prospective Study. *Psychooncology*, 23, 1034-1041.

Yamauchi, T., Inagaki, M., Yonemoto, N., et al.（2014b）Death by suicide and other externally caused injuries after stroke in Japan（1990-2010）: the Japan Public Health Center-based prospective study. *Psychosomatic Medicine*, 76, 452-459.

第**3**章

自殺予防の支援の実際

・・・

支援をはじめる前に自分を知ろう

◯ ソーシャルワーク実践と自殺予防

　ここでは，社会福祉士が行っている相談支援に，自殺に関する事柄が含まれている可能性と，権利擁護ならびに，自殺予防の視点をもつことについて，具体的に確認していきたい。

　私たちソーシャルワーカーは，様々な機関に所属，あるいは地域のなかで多様なクライエントの相談に対応している。必ずしも，自殺に関する相談を受けているわけではない。自殺に関する相談とは無縁だと考えていることもあるかもしれない。そのような場合，本当に目の前で，突然「死にたい」「自殺するかもしれない」というような言葉を聞いたとき，私たちは，関係ないということで，対応を終わることでよいのだろうか。社会福祉士として実践している現場で，対象者，あるいはその家族などが，自殺をするということは果たして，珍しいことといえるのだろうか。

　自殺に関する相談だと意識することなく従来の相談支援として，「アセスメント」「モニタリング」を行う過程で自殺に関する相談であることに気づく機会がある。

　自殺を他人ごとだと考えることなく，身近なところでも起こっているかもしれないという認識をもつことが重要といえる。特別な人が，自殺をするということではなく，普段支援を行っている人，面談に来た人，あるいはその家族などが自殺を考えているかもしれないと認識する必要がある。

　社会福祉士個人の考え方とともに，所属する機関の機能，役割もきちんと認識しておくことも具体的に自殺に関する相談に対応するためには重要である。所属している機関は，通常どのような人を対象にどのような支援を行っているのだろうか，地域においてどのような役割を果たしているのだろうか。同時に，

社会福祉士以外のどのような専門家が働いているのかを点検しておくことで普段の組織内チーム体制を確認することができる。また，地域のなかに，「自殺念慮」のある対象者に対する支援を行っている機関はどこなのかを把握していくことで，他機関との連携を速やかに行うことができる。

　また，目の前で「死にたい」「自殺するかもしれない」と訴える人と出会った際に，どのように対応するか，を考える前に私たち自身の「自殺」に関する考え方の傾向をきちんと知っておくことは重要なことである。

◯ 自殺に関する考え方

　「自殺をするかもしれない」「死にたい」という人たちに対する，自分たちの率直な考え方を，点検したことがあるだろうか。担当している対象者が，「死にたい」と言われた際に，「また言っている，いつものことだ」「言葉で自殺するという人は，実際にはしないから大丈夫」「私がなんとかしてみる」等自身の考え方，傾向をきちんと自覚しておく必要がある。

　まずは，後述のチェックシートを参考に，社会福祉士である自分自身の自殺に関する考え方の傾向を点検しておくことは有用といえる。実施したものを他者に見せる必要はなく，率直に社会福祉士個人の考え方をチェックする機会をもつことが重要である。様々な機関がチェックシート等を作成しているので，ひとつのシートにこだわる必要もない。

　自殺という言葉を耳にすることが日常的にあるかということを改めて点検すると，それほどないかもしれない。しかし，直接クライエント自身や，その家族が，あるいは同僚の支援している人が自殺をしたいと言った，もしくは本当に自殺をしてしまったという経験がある方もいるかもしれない。そういう意味では，私たちの実践が，普段は自殺とは関係がないのかもしれないが，たとえば，虐待に関する対応のなかで，緊急性の判断や虐待の判断をしていく際，虐待をしている人，されている人が「自殺するかもしれない」という検討が果たしてされることはあるだろうか。目に見える外傷をはじめ身体状況，財産状況

などに関する事実確認がされるなかで，目に見えにくい「自殺」に関するリスクを虐待対応のプロセスの中でアセスメントすることが必要といえる。

　私たち社会福祉士として，起こった事象だけに着目するということなく，アセスメントをどの程度掘り下げるのか，どんなメンバーと，チームを組みながら，「自殺」に関することとともに，生きたい気持ちを支えるためのアセスメントや支援とはどのようなことかを，意識していきたい。

　具体的にアセスメントのシート，モニタリング面接のあり方，カンファレンスの持ち方等を通じて，なぜ，そのような事実が起こったのか，その背景，環境などにきちんと意識をもつと同時に，今後，権利擁護の視点や，自殺予防の問題に関して取り組むことが，重要といえる。

◯ 自己チェックの必要性

　そこで必要になるのが，自分は自殺についてどう考えているのかを知る「自己チェック」である（**表3-1**）。

　表3-1に従って自己チェックを行い，解説を確認して（**表3-2**），自身の考え方との違いは認められただろうか。

　WHOによる世界自殺レポートによれば，自己チェックシートに関する下記のような説明がある。

1　自殺を口にする人は，おそらく援助や支援を求めている。自殺を考えている人の多くが，不安，抑うつ，絶望を経験しており，自殺以外の選択肢はないと感じている。

2　自殺の危機にある人は，生死に関して両価的であることが多い。人によっては，生き延びたかったとしても，たとえば，衝動的に農薬を飲んで数日後に亡くなることもあるかもしれない。適切なタイミングで情緒的支援にアクセスすることで，自殺は予防できる可能性がある。

3　多くの自殺には，言葉か行動による事前の警告サインが先行する。もちろんそのようなサインがないままに起こる自殺もある。しかし警告サイン

表3-1　自己チェックをやってみる

○今の自分の考えを，○か×でチェックしてみましょう。

	内　容	チェック
1	自殺について，語る人は，自殺しない。	
2	自殺傾向のある人は，完全に死ぬことに集中している。	
3	自殺は何の前兆もなしに起こる。	
4	危機のあとの改善は，自殺の危険が過ぎ去ったことを意味する。	
5	すべての自殺が予防できるわけではない。	
6	ひとたび自殺に傾いた人は，常に自殺の危険性を持ち続ける。	

出所：横浜市立大学医学部精神医学教室監修（2007）『自殺予防 プライマリ・ヘルスケア従事者のための手引き』.

表3-2　自己チェックをやってみて

	解　説
1	自殺するほとんどの人は，その意思を明確に告げている。
2	自殺傾向にある人の大多数は，死と生に関して両価的である。
3	自殺傾向のある人は，しばしば十分にわかるくらい徴候を示している。
4	多くの自殺は，その人が絶望感を破壊的な行動に変えるような意思，活力がもてるくらい状態が改善したときに生じる。
5	すべての自殺を完全に防ぐことはできないが，しかしその大多数は予防できる。
6	自殺念慮は再び現れるかもしれないが，それは永久的ではないし，ある部分の人々においては二度と自殺念慮が再現することはない。

出所：表3-1と同じ.

　　がなんであるかを理解し，用心することは重要である。

　4　自殺関連行動は，深い悲哀のしるしであるが，必ずしも精神障害のしるしではない。精神障害とともに生きる多くの人が自殺関連行動に影響を受けるわけではないし，自らの命を絶つ人のすべてが精神障害を有するわけではない。

　5　自殺についてのスティグマが広がっているため，自殺を考えている人々の多くは誰に話したらよいかわからない。包み隠さず話すことは，自殺を

考えている人に自殺関連行動を促すよりは，むしろ他の選択肢や，決断を
し直す時間を与え，自殺を予防する。
6　自殺の危険の高まりは，しばしば短期的で状況特有である。自殺念慮を
再び抱くことは，あるかもしれないが，永遠ではなく，以前自殺念慮があ
った人や自殺企図をした人でも長生きすることができる。

　上記以外にも，社会には自殺に関する様々な俗説が存在している。それらに
とらわれずに，また自殺を考える人を特別視することなく，真摯に向き合う必
要がある。

支援の実際

◻️「自殺の意図の確認」「自殺をしないという約束」の扱いについて

　相談支援の現場では，自殺のリスクが増している場合は，「自殺」という表現を直接的に用いて，自殺しようとする意図があるのかどうかという確認をすること，自殺しないように本人と約束をすることが原則とされていることが多い。たとえば，『自殺予防　プライマリ・ヘルスケア従事者のための手引き』（横浜市立大学医学部精神医学教室監修，2007年）（以下，「手引き」）においても，「その人が自殺の考えを持っているかどうかを見分ける一番良い方法は，そのことを彼らにたずねてみることである」とある。その理由として，「自殺しようとしている人たちが苦しんでいる課題について隠さずに話ができることは，彼らにとって安心につながる」からとしている。

　支援者がストレートにたずねることは，相談者に対して「自殺のことを私（＝支援者）に話してもかまわない」という暗黙のメッセージになる。しかし一方で，手引きでは「自殺念慮についてたずねることは容易なことではない。その話題には少しずつはいっていくようにするのがよい」という記載もある。経験年数の浅い社会福祉士が関わっている場合，自殺リスクを抱えるクライエントに対して，どのようなタイミングで自殺の意図の確認や，自殺の方法を確認するのかは容易に判断がつかないことが想定される。

　なお，手引きでは，タイミングの見極めと「相手に信頼を寄せて話していること」「しんどい話ができると本人が考えていること」等の大前提があった上で，自殺念慮について「聞く必要がある」となっている。ただし，「自殺しない」という約束をとりつけることは，面接の目的ではない。この約束は，継続的な支援関係の維持の一つの目安であり，むしろ，「約束するところまで面接できたか」が大事な視点である。こうした約束の効力を高めるには，次回の面接予約

とセットで約束を取り付けるなどの，工夫が不可欠である。

☐ 情報を整理する

　普段行っている面接場面の延長で自殺に関する話題を扱うことができるのか，その置かれている環境などをよく吟味したうえで，チームなどの活用を進めていくことが重要である。たとえば「生活支援アセスメントシート」の「様式11　領域別シート③」（巻末215頁）を活用したあとは，要約表を活用し，全体の情報を整理・分析し，再アセスメントを行うことが必要といえる。

　ここでは具体的に，何を気になった情報とするのかをアセスメントシートを活用して，明確にしておきたい。たとえば，「今まで確認されていない生活の不安定さ」，アルコール関連や統合失調症，うつなど精神疾患が悪化している，がんをはじめとする進行性の疾患の発症や治療がうまくいっていない，あるいは完治の難しい身体疾患の告知があったのか，学校や職場でいじめにあったのか，夫婦の関係や親子の関係がうまくいかず，虐待，DVなどが起こったのか，という事柄が気になった具体的なできごとなのか，を明確にすることになる。

　あるいは社会生活を送るためには，自分自身だけでは解決が難しいと思えるような環境に置かれているにもかかわらず，支援をしてくれる人や，活用できる社会資源につながっていない，あるいはつながっていたはずが拒否しているという状況が気になっているのか。また，抱えている不安を紛らわせるために，飲酒や薬物に頼るような行動は確認されていないか。など今後の支援に活用していくため，情報の整理を行いたい。

　もっとも，聞き取りが困難かもしれない，自殺企図手段への容易なアクセス，自殺につながりやすい心理状態，自殺の計画などについても後日にしよう，など個人で判断することなく，アセスメントを進めていく必要がある。そのために支援チームでていねいに検討，役割分担を行っていく必要がある。

　私たち社会福祉士は，インテーク時をはじめ，正式な支援開始の確認後，定期的に支援計画を見直すために，アセスメントを実施している。そして，定期

的にモニタリングを行っていく。インテーク時，正式な支援開始直後は本人との信頼関係が構築されていないなか，情報収集が難しいかもしれない。しかし，確認しておきたい情報として，生育歴のなかで，身近な人との死別体験，死別の内容，自殺の多い地域など本人を取り巻く情報，ならびに本人自身の過去の自殺企図，自傷行為なども留意していきたい。その過程で，特に自殺に関する気になる行動を耳にしたり，目にしたら，速やかにアセスメントを行い，所属機関で対応を始めるのか，地域のなかの自殺念慮のある人の支援を行っている機関へつなげるのかを判断することが必要となってくる。

　インテーク時には，ジェノグラム作成を通じて，人間関係，喪失体験，いじめなどの体験も反映することが有効である。その際，過去，現在などいつの時点での情報なのかをきちんと整理しておくことは，有効だといえる。合わせて，インテーク時は，面接者である社会福祉士は，緊急性の判断，つまりは緊急対応の必要性を判断することになる。

◻ 自殺するかも，と言われたら

　面接を重ね，自殺の計画について，聞くことができれば，いつ，どのような手段で，場所の設定も含めて，どの程度具体的な準備や計画をしているのかということについて，たずねることになっている。周囲の関係者は危機感を感じているが，本人は否定するなど情報にずれがある場合についても留意し，自殺のリスクの判断を行う。

　総合的な援助の方針として面接者としての判断には，継続対応，つまり面接等を積み重ねていくのか，専門機関につなぐということが必要なのか，あるいは支援者等と一緒にカンファレンスを早急に開くのか，集約していくということになる。

　専門機関につなぐという場合，ここでは「○○に行ってください」とか，「○○を紹介します」ということではなく，積極的に同行を申し出る。あるいは問題が深刻で自殺のリスクが高いと思われるケースについては，できるだけ相談

者（クライエント）が，実際に紹介先に訪れたか，つまりはつながったかどうかを直接確認することで初めてつながったこととなる。そのときに，つなぐことに関する情報の提供に関して，ご本人や家族から同意を得ていくことが基本ではあるが，生命・身体の保護のために必要がある場合には，本人の同意を得ることが困難であるときも，第三者に情報を提供するという，個人情報の例外規定に則って，対応することもある。これは，普段のわれわれが行う面接の原則でもあり，虐待対応などを経験している方は，すでに確認されているはずである。

　クライエントのため，そして相談対応した社会福祉士が抱え込まないために，適切な機関につないでいくことは重要であるが，エビデンスもなく，「なんか大変そうな人なのでよろしく」というわけにはいかない。

　いつ，どのように，何を聞くのか，これについて，新人社会福祉士の人が「死にたい」という言葉を聞いた，あるいはそのような行動をとられたときに，どこまで聞いていいのかという点について，非常に不安を覚えるということは実際あると思われる。

　「いつ」については，ご本人自身が安心して話ができる状態のときであること，次に，「どのように」は，「誰からもあなたのことを気に掛けてもらっていないと感じていますか」などの話を通じて，孤立感，絶望感という危険因子をふまえ，心配しているんだということをしっかり伝えながら，真摯に傾聴することができるかということが重要である。

　「何を」については，たとえば，アセスメントシートにある自殺の計画について，聞くこと自体が怖い，聞くことが自殺を促すことになるのではないかという不安を抱えることがある。自らの自殺に関する考え方の傾向との関係もあるが，そもそも苦しんでいることを隠さずに，相談者が話せるということは，たやすいことではない。

　自殺念慮についてたずねるときは，静かで落ち着いた，プライバシーが守られるような，つまりは感情表出もできるような環境である必要がある。クライ

エントとの十分な信頼関係の構築はもちろん必要になる。私たち側が，聞くの
がつらいとか怖くなった場合，気持ちを言っていただいたことについて感謝を
しながら，私では十分お話を聞くことができないかもしれないので，たとえば
上司と一緒に話を聞かせてほしいという了解をもらうなど，向き合いながら面
接をしていくことが，必要なことといえる。

　所属の同僚，一緒に支援をするためのチームと，面接について，普段どうし
ているのか，どういう工夫をすることで面接ができそうか，いろんなことを，
この機会に話し合うことは，今後の支援が必要な時に向けて，いい機会になる
のではないかと考える。

　そして，私たちのできることとして，自殺を考えている，あるいは自殺した
いほどの状況の方を「発見」する機能，そのような人たちを適切なタイミング
で，対応機関に「つなぐ」機能について，確認していくことも重要な視点とな
る。決して，個人の力量，関心で対応することなく，地域のなかの日々のネッ
トワークのなかで，自身の所属する組織の機能を十分に，かつ社会福祉士とし
てその役割を担っていく必要がある。

　私たち，社会福祉士の普段の面接，アセスメントを行うなかで，「強み」を見
出し，本人の望む暮らしを言語や他の方法で，表出できるよう意思決定を支援
していくことを大切に実践している。同時に，自らの暮らしのなかで，どのよ
うなことに問題を感じているのか，どのように暮らしにくさが出現しているの
か，それはいつからなのか，クライエントに真摯に向き合っていく中で常に意
識していくことになる。

☐ 支援をしている人の自殺が起きた場合

　支援をしていた人の自殺が起きた場合の初動期には，情報の管理や事実確認
に関することが重要といえる。管理者をはじめとする役割分担，家族への連絡
内容と方法，入院，入所や通所の場合その他のクライエントの方々の安全確保，
そして日常的に支援をしていた支援者への支援，そしてその後の自殺を食い止

めるための対応などが求められる。警察，行政をはじめとする機関への連絡，連携などもあり，場合によっては法的責任への対応も可能性としてありうることも，機会を設けて想定しておくことが有効である。

そしてなによりも，事後対応がその組織において適切に行われているかが重要である。

そのためにはクライエントへの対応とともに，支援者への対応が考えられる。

特に第一発見者となった場合，その支援者もしくはクライエントが自殺に関するリスク，危険因子を持っている場合などは，影響を受けやすいと思われる。情報の開示に関すること，しっかりと話を聞き感情の表出の機会や，不安になっている際などにいつでも相談に乗れる体制を整えることも重要といえる。

どのようにクライエントに伝えるのかを，組織として，確認し個人の判断で対応することは避けるべきである。そのために，日々の実践でのこしてきた記録を，情報の共有および分析に活用し，「変化への早期の気づき」，「感情の表出の機会の確保」などを組織で確認した体制の整備を行っていくことに反映していく必要がある。

同時に，管理者は，組織全体および，支援者へ個別の対応を心掛ける必要がある。自殺発生後の職員の心のケア対策を危機管理・対応マニュアルなどに盛り込むことも必要といえる。その際は，一機関で行わずに，法人全体，あるいは外部の機関の協力などを得やすいよう，具体的な連絡，連携についても検討，記載しておく必要がある。支援者が，自分たちの支援の在り方を否定することも考えられる，特に，第一発見者など，自殺者とのかかわりが深かった支援者へはじっくりフォーマル，インフォーマルにかかわらず話を聞くことが大切である。専門機関の活用も積極的に活用すべきである。

また，セルフチェック表（表3-1）の活用を通じて，状態の把握を行い，心身の調子を崩している場合は，休養を促し，医療機関につながるように伝えることも必要である。

そして，死亡事例検討会などを開催することも有効といえる。開催にあたっ

ては，時期，参加者の選定などの検討が必要である。可能なかぎり専門家等，スーパーバイザーの参加を促し，同時にルールの確認も行い，再発防止につながる開催が望ましい。

③ チームを意識する

☐ チームアプローチ

　所属する機関のもつ機能，社会福祉士自身の職責などは多様であり，日常支援を行っている対象者が自殺のリスクの高い人とは限らない。具体的な支援の対象となる人の特性によって日常的に組んでいるチームのメンバー構成も様々といえる。

　アセスメントシートの点検とともに，支援チームに医療職や心理職など自殺に関する支援について連携できる職種がいる場合，いない場合の具体的な連携方法なども確認しておくことは，個人での抱え込みや，経験や知識が十分でない場合に必要以上の不安を抱えながら支援していくことを解消することにもつながる。

　具体的には，日々の記録などについて，どのような点を記録に残すのか，カンファレンスにかかわらず，朝礼，ミーティングなどの日々のチームや組織としてのやり取りのなかで，気になる情報を共有できる環境が望ましい。

　組織によっては，「ひやりはっと」シートなどを活用し，速やかに協議検討できる機会を確保していく方法もある。特に，「自殺する」「死にたい」など直接的な表現を含む深刻な相談や話を聞いた場合は，有効といえる。

　多職種におけるチームでの情報共有では，組織として，関与する専門職として「守秘義務があること」を十分に自覚することが重要である。相談支援を始める際に個人情報に関する同意書を作成し，その内容に目的，共有方法・場面などが記載されているか改めて，点検しておくといい。

　チームを構成する専門職のなかに，あるいは関係する機関のなかに守秘義務にこだわり，チームでの必要な情報共有が行えないこともある。そのような場合，前節でも触れたが個人情報保護法における例外規定にある「人の生命，身

体または財産の保護のために必要がある場合であって，本人の同意を得ること
が困難であるとき」に相当する場合，本人の同意なく個人情報を取り扱うこと
が認められていることを説明することが重要である。

　社会福祉士の役割としてつなぐという機能もある。そのために，地域のどこ
に連絡をするのか，どう連携していくのかということを，事前に確認すること
が重要である。具体的には，地域の社会資源を点検すること，たとえば医療機
関について，支援しているクライエントの特性に応じて，連携する先が偏って
いる傾向がないか，あるいは所属している組織の機能と自殺予防，自殺に関す
る相談との関係はどうなのか，を点検することである。自殺念慮の対象者に対
する支援を行っている地域の他機関は，具体的にどこなのか，もし必要となっ
たときにどういう連絡方法を取るのがよいのか，現実的なことを確認すること
が必要である。アセスメントは重要であるが，気になる言動，サインの問題や，
危険因子のことについて，社会福祉士だけが知るということではなく，チーム
全体で共有をする，また日々のアセスメント項目の中で，必要な危険因子をチ
ェックするにあたって，過不足があるかもしれないことについては，点検して
おくことも有効である。

◻ 面接・対応者の変更が生じることについて

　死にたい気持ちをたずねることに慣れていない場合は，下記の点を参考に，
相談者との信頼関係の構築に努めていきたい。死にたい気持ちをたずねること
はアセスメントの入り口になる。支援に不安があっても，安易に他の支援者に
バトンタッチすることは避け，相談者の話を遮らずに傾聴し，関係性を断ち切
らないことが必要である。なぜなら，そのような姿勢を見せることは，死にた
いほど深刻になっている相談者からすれば，やっとの思いで打ち明けた相手か
ら関係を拒絶された感覚を感じさせてしまいかねないからである。

　支援者が，悩んだ時，困った時に即座に適切な助言や指導を受けられるとは
限らない。たとえば，新人の支援者が，どうしても希死念慮について尋ねられ

ない場合であっても，（死にたいほどの）辛さの内容，背景について，「そんなことをおっしゃるほどつらいのですね」などの言葉をかけ，相手の気持ちに寄り添い，関係性を断ち切らない姿勢をつらぬくことが求められる。相談の途中で上司等がフォローする場合も，「自分だけでは力不足なので，私の信頼する相談担当者も一緒に支援してもよいか」等と伝え，本人の了解をもらい，途中で相談者から「逃げ出した」訳ではなく，相談者を引き続き支えることを一貫して伝えることが欠かせない。こうした姿勢が相談者との信頼関係の構築の上で，基本となるからである。

「自殺したい」「死ぬかもしれない」，などの言葉や，行動を繰り返すクライエントから，何らかのかたちで相談を受けた場合に，自分たちの所属そのものが直接的な支援のスタートを担えるのか，あるいは，地域の自殺に対する支援機関のどこが適切か，コーディネートしていくことも，私たちの機能の一つである。

普段の面接でも，面接や支援者とともに，観察の視点も含めて，アセスメントにつながるような記録を残すようにすることが求められる。また，チームを組む他職種と，同じ姿勢で役割を分担し，専門性を尊重し，ともにクライエントが生きていくことを支えていけるように記録を残し，事例検討も行っていく。そのため，地域でどのようにネットワークをつくっていくかを意識することが求められる。

☐ 検証をする機会をもつ

私たち自身の支援を，必ず振り返る機会をもてるよう，所属の組織や，市町村が主体となり，一定のルールをふまえ，検証する機会を確保していくことが重要である。正しい情報を共有し，私たちがしてきた支援を振り返ることは，批判や責任ではなく，取り組みが十分であったか，さらに何が今後できるのか，場合によっては専門家や専門機関ともっと連携するべきではなかったか，あるいは普段の支援しているチームのメンバーとの自殺に関する感度の違いがあっ

たのではないか，知識の差が大き過ぎたのではないか等，前へ進むための会議を，開催されるよう働きかけていくことも必要である。私たちのような対人援助の社会福祉士が，もうこのような仕事は嫌だと思わないために，みんなが誇りをもって支援をしていくことができるために，自殺について避けるのではなく，真摯に向き合えるために，振り返りを行う場を確保し，それが正しい方向で運営されているかどうかを検証できるよう環境整備をしていく必要がある。

④ アセスメントシートの活用

◯「様式11 領域別シート③」とは何か

　平成27（2015）年度から28（2016）年度の間，日本社会福祉士会は社会福祉士をはじめとするソーシャルワーカー1000名の実態調査を実施した。この調査で，自殺に関する相談をうけるにあたり，課題と感じていることとして，「自殺に関する支援スキル・知識不足」や「経験がないため対応方法がわからない」「自殺リスクの判断の難しさ」があるという声が聞かれた。

　そこで支援スキルや知識の取得のための研修プログラムの開発とともに，自殺に関する相談時に活用する領域別シートの開発を行った。シート開発過程において，プレテスト，使用後のヒアリング，研修時使用でのアンケート等を経て，現在のシートが作成された（生活支援アセスメントシート「様式11 領域別シート③」（215〜216頁））。

　本節では，領域別シートとともに，その前提となるアセスメントシートの紹介ならびに活用について説明する。

　生活支援アセスメントシート「様式11 領域別シート③」（以下「領域別アセスメントシート③」）を活用する前に，日常の相談場面において活用しているアセスメントツールを点検し，その項目に過不足がある場合，「様式11 領域別シート③」を参考にされたい。

　ただし，面接だけで十分な情報を入手することは難しいことが多く，「つなぐ」機能，「つながれる」機能を活用し家族，近隣者，福祉関係者，医療関係者などと，ネットワークのなかで，ルールに基づき情報を共有していくことも必要となってくる。これらのアセスメントを行うにあたっては，自殺の背景要因と自殺リスクが疑われる人の特性についての理解を進めておくことが有効である。

　また，私たち社会福祉士は，アセスメントを行う際に，必ずその人の強みに着目する。そして，その人の望む暮らしを可能な限り言語化することもあわせて行う。その中に，保護因子である項目が含まれていることがあることを忘れてはいけない。そういう観点からも，社会福祉士として，日常行っているアセスメントの領域を省いたりしないで行うことが必要である。

　そのうえで，自殺リスクが疑われる場合，「様式11 領域別シート③」を活用し，面接を進めていく。その際は，いつ，どのように，何を聴くのかを事前に準備しておくことも有効である。

　たとえば，計画・手段・実行時期に関して，たずねることは容易なことではない。誰がたずねるべきかはチームでの判断，専門機関からの助言を受けるようにすることが必要である。また，自殺念慮についてたずねるときは，次の配慮が必要である。

- 静かでプライバシーが守られ，感情表出が可能である環境
- 面接者との信頼関係の構築
- 直接的にたずねるのではなく，少しずつその話題について触れるという姿勢
- 本人がしんどいけれど，この話題について話そうと考えている

☐ シートの活用例

　「様式2 基礎シート」（202〜205頁）においては，生活歴，職歴，心身の判断能力，くらしの基盤，現在の暮らしぶり，目指す暮らしぶりなどをアセスメントしながら，本人の思考の傾向を検討し，自殺念慮，絶望感，衝動性などを確認した場合は，自殺リスクが疑われるという観点で，「領域別シート③」（215〜216頁）に移ることが有効である。

　具体的なアセスメントについては，領域別シートを参考に説明する。このシートは，すでに日常的に使っているシートの中に危険因子のチェック項目や，保護因子につながるところを聞き取るような欄がある場合は点検のみで，項目

が不足している場合はシートの見直しに参照していただきたい。また，チーム，組織，地域で点検をするときに，危険因子を網羅しているアセスメントシートを活用すると今後の気づきに有効といえる。

インテークの場面では，どこまで聞けるかという問題がある。特に，経済的な問題や自殺の問題のことについては，一般的には聞きづらい。たとえば，ジェノグラムを面接しながら作成し，人間関係を語っていただく。そのときに喪失体験やいじめなどの体験などを聞くことができると，結果的には，過去の自殺企図や自傷行為，喪失体験，苦痛な体験という項目が，聞き取れることにつながる。喪失体験，身近な人との死別体験という項目ごとに聞き取るよりは，ジェノグラム，エコマップを一緒に作成しながら記載していくことで語ってもらうほうが有効といえる。

インテークでは，常に緊急性があるかどうかという判断をするのは，私たちの使命であるが，自殺の危険性をはらんでいる場合，経済的な問題がある場合などその内容は一つではない。健康上の問題から，すぐに入院する必要があるかどうかという緊急性もある。これは非常に個別性の高い事柄であり，必ずチェックしていくことが重要である。

インテーク面接の次は，私たちの組織でこのまま継続して支援をしていいのか，専門特化した機関につなぐ必要があるのかという判断が必要である。組織の機能との関係で，他機関との連携や，他機関へつなぐことの必要性をいったん判断するということが，有効な支援になってくるといえる。

領域別シートを自殺リスクが疑われる場合のみに，記載して終わるのではなく，所属機関，組織で支援をすることを確認後，日常的なアセスメントの中で必要時に領域別シートを活用していくというプロセスが望ましいといえる。

第4章

社会資源の理解と活用1：精神科領域との連携

・・・

◯ 精神科領域との連携を学ぶ意義

　ソーシャルワークにおいて社会資源を知り，活用できることは，自殺予防に関しても重要である。本章では精神科領域の医療ならびに保健福祉との連携について述べる。

　2017年7月に改訂された自殺総合対策大綱（厚生労働省，2017年）は以前のものに比べ，精神科領域の問題よりも社会的要因に重きを置いた記載になっているが，基本理念で「自殺の背景には，精神保健上の問題だけでなく，過労，生活困窮，育児や介護疲れ，いじめや孤立などの様々な社会的要因がある」と述べ，基本認識の中でも自殺行動に至った人の直前の心の健康状態として，抑うつ状態にあったり，うつ病，アルコール依存症等の精神疾患により正常な判断を行うことができないことを挙げている。

　基本方針でも関連施策との有機的な連携の具体的な項目に「精神保健医療福祉施策との連携」を置き「自殺の危険性の高い人を早期に発見し，確実に精神科医療につなぐ取組に併せて，自殺の危険性を高めた背景にある経済・生活の問題，福祉の問題，家族の問題など様々な問題に包括的に対応するため，精神科医療，保健，福祉等の各施策の連動性を高めて，誰もが適切な精神保健医療福祉サービスを受けられるようにする」とし，「自殺や精神疾患に対する偏見をなくす取組を推進する」の項目では「全ての国民が，身近にいるかもしれない自殺を考えている人のサインに早く気づき，精神科医等の専門家につなぎ，その指導を受けながら見守っていけるよう，広報活動，教育活動等に取り組んでいく」とも記載している。

　海外の心理学的剖検からのデータでも，自殺の直前に何らかの精神科診断に該当しなかった人は4％に過ぎなかった（ベルトローテ 2007）。

　本章では精神保健医療福祉のうち，医療機関との連携を中心に述べる。精神科領域の問題は「様々な悩みにより心理的に追い詰められた結果」としての「自殺行動に至った人の直前の心の健康状態」として重要であるが，精神疾患の存在によって「様々な悩み」が生じる事例も多い。後者も適切な精神医学的

診断ならびに治療で，自殺へと追い詰められる危険性が減少する。すなわち精神科医療の機能として，自殺リスクへの危機介入と，早期発見・対応によって生活の質を維持できるようにすることとの両者がある。一方で近年，精神科の外来診療は予約制を採る医療機関が増え，初診予約までに数週間を要することも多くなっており，緊急性の程度に応じたつなぎ方についての知識も必要である。

　なお，一連の施策の中でしばしば言及される「ゲートキーパー」は，一般生活者のレベル，自殺リスクを抱える人に対応する機会が比較的多い職種のレベル，自殺対策に関連する何らかの分野の専門職のレベル，と分ける場合もある。精神科には，うつ病，双極性障害，各種の依存症など自殺リスクの高い疾患での受診も多く，精神科医療従事者は専門職として扱われがちであるが，一般的には自殺対策に特化したトレーニングを受けているわけではない。近年は研修が精神薬理学に偏る傾向に加え，受診者数の増加とともに診察時間も短縮しており，社会的要因や生活の実情を評価できるといったことは，全く担保されない。

　なお，精神科の診療は時間をかけて傾聴するイメージをもたれがちであるが，たとえば「通院精神療法」は保険点数上，診療時間「5分以上」が基準であり，30分以上などでわずかな加算が付くが，時間をかけて面接すると経営が圧迫される。精神科医療につないだ後も多くの場合，ソーシャルワーク的なサポートのニーズは続くが，通院医療に占める割合が増した精神科クリニックの過半数は精神保健福祉士（PSW）や社会福祉士をはじめとするソーシャルワーク職を配置していない現状でもあり，かかわりの維持は重要である。

精神科医療の対象と精神科での主な対応

☐ いわゆる「精神病圏」の問題

　従来の疾患概念では，主な病態が脳の損傷（頭部外傷，低酸素性脳症，中枢神経系感染症など）や変性（アルツハイマー病，レビー小体病，各種の脊髄小脳変性症など）によるものを「脳器質性精神障害」，脳に作用する物質（カフェイン・ニコチンや覚醒剤などの中枢刺激薬，アルコール，精神科領域の処方薬，副腎皮質ステロイドホルモンなど）によるものを薬剤性精神障害，身体疾患が脳に作用するもの（甲状腺機能の異常，クッシング症候群など）を症状性精神障害，脳機能の変容が主な病態と位置づけられてきたもの（内因性うつ病，⁽¹⁾双極性障害，統合失調症など）を機能性精神障害とし，以上を「精神病圏」と括っていた。情緒や心理行動の内容に偏りが生じて生活上に支障を来すものは「心因性精神障害」などと分類され，各種の癖や習慣の問題とともに「神経症圏」とされた。近年は診断の客観性を重視する操作的診断基準⁽²⁾が主流になったが，対応の方向性の理解には，上記の疾患概念も有用である。

　「精神病圏」の問題に対する精神科医療は，診断し，身体医学的な診断治療の必要に応じて他科へも紹介した上で，精神科的な薬物療法などを行う医学モデルが中心になる。しかしたとえば依存症では，本人の行動変容を促す必要があり，セルフヘルプグループや相談支援機関，依存症に専門性の高い精神科医療機関へつなぐこと，などが重要になる。

☐ いわゆる「神経症圏」の問題

　心理学的な機序も含めた診断プロセスになる。現在の診断基準での「うつ病」には，従来は神経症に分類された「抑うつ神経症」「反応性うつ病」などに相当するものも含まれる。治療の中心は，不安や問題行動が生じる理由やしく

みを本人と共有しつつ，環境や本人のとらえ方を調整することである。薬物療法は補助的なものとの位置づけであるが，抗不安薬や選択的セロトニン再取り込み阻害薬（SSRI）をはじめ各種の抗うつ薬などが用いられる。

　抗不安薬の作用機序はアルコールと大差なく，習慣性や依存性が問題になる。睡眠導入剤の多くも同系統である。SSRI はセロトニン作動性神経系の神経伝達を強める作用によって抗うつ効果をもたらすとともに，ノルアドレナリン作動性神経系やドパミン作動性神経系の過剰な反応を抑制することによって不安を抑制する。依存性はないが，急に中止すると退薬症状として不安などの症状が生じる。また，特に若年者では自殺企図を増やす可能性が指摘されている。気分変動を悪化させ，躁うつ混合状態を引き起こすこともある。つまり処方された治療薬がかえって自殺リスクを増やす場合もありえる。気分状態を正確に自覚することは難しいので，日常の様子を家族などが適宜，担当医に伝えることも必要である。

☐ 危機介入

　自殺リスクの想定される事例を医療へつなぐ際には，医療機関側のもつ精神科特有のハードルも踏まえて対応する必要がある。

　精神科医療には，本人の意思に反して身柄を保護し得る枠組みもあるが，人権に配慮し，精神保健及び精神障害者福祉に関する法律（以下，精神保健福祉法）の範囲内かつ必要最小限に留める。すなわち精神科医が恣意的に入院を強要することは許されない。また本人の自発的な同意は治療上も意義が大きい。精神病床への入院は精神保健福祉法上，任意入院のほかに，非自発的入院として措置入院，医療保護入院などがある。他に心神喪失等の状態で重大な他害行為を行った者の医療及び観察等に関する法律（医療観察法）による入院があるが，これは保護観察所などが関与して環境調整も含めた濃厚な支援が行われるため，本章では触れない。

　任意入院は本人が入院やその必要性について理解し，主体的に同意して入院

する。措置入院は精神保健指定医（以下，指定医）2名以上が診察し「精神障害者であり，かつ，又医療及び保護のために入院させなければその精神障害のために自身を傷つけまたは他人に害を及ぼすおそれがある」と判断が一致した場合に限り，国や都道府県・政令指定都市の設置した精神科病院または指定を受けている精神科病院へ，都道府県知事または政令指定都市市長の権限で入院する。急速を要する場合は72時間に限り，指定医1名の診察結果に基づく緊急措置入院もある。

　医療保護入院は指定医1名以上が，「医療ならびに保護のために精神科病棟への入院が必要であるが当該精神障害のために任意入院が行われる状態にない」と判定した場合に，家族等⁽⁴⁾のうちいずれかの者の同意によって入院する。家族等がないか家族等の全員が同意または不同意の意思表示ができない場合は市町村長の同意による医療保護入院が行われるが，従来の「保護者」⁽⁵⁾に比べて人数も多く連絡先の把握もしばしば困難な「家族等」の全員について確認することが必要となり，実施上のハードルがかなり高くなった。指定医または特定医師が「医療保護入院に相当し，かつ急速を要する」と判断したが，意思表示できる家族等の誰とも一時的に連絡がつかない場合は，指定医では72時間以内，特定医師では12時間以内に限って応急入院を行うことができる。

　入院中の行動制限には，閉鎖処遇，隔離，身体拘束，通信制限がある。閉鎖処遇は閉鎖病棟への入院をさす。任意入院の場合は，本人の希望に拠らない閉鎖処遇は短期間に限られる。病棟運営上の都合や本人の希望などによって，開放的な処遇に努めつつ閉鎖病棟に入院する場合はある。隔離は本人の病状によって他患者と過ごせない場合に行われる。身体拘束は他の方法では本人の身体生命の安全が保てない場合にのみ行われるが，人権上の問題が大きいため頻繁に評価を行いつつ最小限度に留める。近年は精神科病棟へ入院する高齢者が増え，転倒防止や身体科的な医療処置などのため部分的な身体拘束を要する事例が増えた。電話や面会は病状からやむを得ない範囲では制限できるが，手紙を出す・受け取るは制限できず，相手先に調整を要請する。異物が同封されてい

る可能性がある場合は病院職員の目の前で開封させて異物を回収する。

　危機介入のための入院では，本人の状態に応じて精神保健指定医や隔離室が必要となり得るため，これらの体制が整わないと困難な場合も多い。近年は国と都道府県による精神科救急医療体制整備事業もあり，多くの自治体で24時間精神医療相談窓口や精神科救急情報センターが設置された。受診援助なども含めて精神科医療につなぐ役割は保健所が担う部分が大きいが，精神科へ通院中の事例で入院の必要が生じた際は通院先の医療機関が入院先を探す，といったルールの地域もある。精神科クリニックが自殺リスクの想定される初診患者を診察し，その結果実際には緊急に入院治療が必要な病状と判明した場合には入院先を探すのに難渋する。このことも紹介を受ける上での大きなハードルになる。

精神科保健・医療への紹介

☐ 精神疾患に対処するための一般的な心得

こころの病気は脳という臓器の不調であり，誰でもかかり得るという理解をもつ。偏見は精神保健の問題をもつ人に伝わる。また，本人の訴えと実際のニーズが異なる可能性にも留意する。たとえば，辛い気持ちをいつでも聞いてほしい，との要求を満たすことが有益とは限らず，辛さの要因への解決策を検討することが必要といった場合も多い。

また，話が止まらない場合の工夫として，二者択一の質問で話を交通整理する，共感的な態度を保ちつつ必要な事項の確認に話題を切り替えたり，その話は後で傾聴することを伝えて話題を変える，といった技術も必要になる（自殺予防総合対策センター 2011）。

☐ 精神保健・医療への紹介が必須な状態

以下のような場合は精神保健・医療の必要性が大きい。

① 自殺未遂

最近の自殺未遂は最大のリスク因子とされている。自殺未遂後には再企図の危険性，精神科医療の必要性や緊急度の判断が必要であるが，二次救急までの医療機関では，自殺企図に至った要因について評価や支援を行う体制が不十分で，身体科的に回復しだい，家族などに引き渡すといった対応も多い。再企図リスクの評価には，医学的に見て生命の危険が大きい手段か否かよりもむしろ，本人の意図や認識がどうであったかという点の方が重要とされる。自殺未遂者への支援の詳細は本章末で述べる。

② 自殺をほのめかす言動が確認できる

これは家族などの陳述から判明する場合も含む。「死にたいと口に出す人は

実際には死なない」といった誤解が広く存在するが，実際は自殺のハイリスク
であることが指摘されている。生きたい気持ちはまだ残っていて揺れているサ
インととらえ，支援につなぐ。「死にたい」「消えたい」「いなくなりたい」「自
分さえいなくなれば……」といった直接的な表現に限らず「遠くへ行きたい」
「今までありがとう」などの発言も自殺を示唆するものととらえる。自分のメ
モなどの「死ね！」「もう終わり」といった走り書きが「偶然に」家族の目に留
まるといった形で表面化することもある。自殺に使用されがちな道具の準備，
形見分け行動，身辺整理，放浪などの行動や，最近では自殺サイトの閲覧，自
殺ハイリスク地（いわゆる「自殺の名所」など）の検索，メールやネットの書き
込み内容などに加え，いのちの電話などの相談電話へ通話を試みていることも
手掛かりとなる。

　自殺に追い込まれる可能性が想定される社会的状況にあったり，次の③うつ
病などを疑うべき状態を呈していたりするクライエントには，希死念慮につい
て具体的に聴く。質問の仕方の一つとして，本人が社会的状況をどうとらえて
いるかという観点から，心理状態についての質問として，現在の状況に関連し
て死にたい気持ちや自殺を考えるほど追い込まれた感覚は生じていないか，と
いった質問に入る方法が挙げられる。なお，一般論的なニュアンスで質問した
後，反応に応じて精神保健医療領域へスムーズにつなぐには，クライエントを
個別的に大切に思う担当者側の気持ちが伝わることも必要である。ただし，こ
れは支援者側が役割の範囲を限界以上に拡大してサービスを提供しようとする
こととは全く異なる。そのような方向性は支援の不安定さに直結し，かえって
クライエントを危険に曝すことになってしまう。

③　うつ病が疑われる様子がある

　内因性うつ病[6]と，概念の拡大したうつ病の両者とも重要である。また双極性
障害や統合失調症のうつ状態も同様の症候になりうるが，鑑別診断は精神科医
療の役割であり，専門家への紹介を要する。活気のない表情，張りのない小声，
動作や会話の緩慢もしくは停止，涙ぐむ，日常生活での意欲低下，不眠，食欲

低下，そわそわと落ち着かない様子，話題が拡がらず同じ語をくり返す自責的な傾向などが挙げられる。

④ 躁状態が疑われる

躁状態では，本人は問題と感じず家族が相談にくる場合が多い。双極性障害，特に躁うつ混合状態を来している際は自殺リスクが高く，緊急を要する場合も多い。急に浪費が激しくなった，無理な事業計画や発明に失敗して債務を抱えた，今後も色々な活動に手を出そうとしている，睡眠時間が短くなった，気が大きくなった，他者について，なかでも会話相手である支援者などについて面と向かっての論評が増えた，早口で大声になった，状況に合わない爽快気分，易怒的などの場合には，躁状態の存在を念頭に置く。

⑤ 各種の依存症が疑われる

アルコール，薬物，ギャンブル，買い物などの依存症も自殺リスクの高い精神疾患であるが，本人は問題を否認することが多い。アルコール依存は，病的酩酊のエピソードや相談時の臭気などから積極的に疑う。相談内容に関連するストレスで依存症の傾向が生じることも，それ以前からの問題の場合もある。

経緯の不明確な支出や借金も，ギャンブル依存や買い物依存も念頭に置く（長崎県自殺総合対策専門委員会 2010）。借金問題などで家族が相談に来て，背景として依存症が疑われる状況の場合，借金の実態も把握困難であることが多い。家族はパニック状態なのが通例で，まずは冷静になってもらう。依存症は日頃から念頭に置いて積極的に疑う習慣にしないと見落としがちであるが，可能性が考えられる場合は専門機関と連携する。従来は「底つき」すなわち全てを失い社会的困窮を極めるに至った本人が，自発的に治療を求めた場合のみ治療が可能になると考える精神科医が多く，今もなお，依存症は門前払いに近い対応の精神科医療機関も多い。

最近は保健所や精神保健福祉センターで積極的に相談対応を行う自治体も増え，また依存症の種別毎に自助グループもあり，家族や本人の相談に応じて頂ける場合も多くなったが，これらもまだ地域差が大きい。

　依存症は病気であり，治療せずに負債を解決すると，さらなる借金と依存行動を反復させて事態が悪化する。問題行動を可能にしてしまうことをイネーブリング，そうしてしまう人物をイネーブラーとよび，依存症に関する問題では悪化させる要因として重視する。家族などには，扶養義務者としての常識／良識的な対応が逆効果になる部分を説明する。依存症をもつ本人の生命を守るには，借金の保証人や負債の肩代わりは禁物で，相談窓口へ赴くよう促して借金を整理させることが重要である。支援になり得る金銭的援助は「債務整理手続きの費用を代わりに支払う」ことのみと心得ておく。

◻ 精神保健領域の対応を検討すべき状況

　医療などのニーズを直接的に示唆する前記①～⑤のような状態像はなくても，社会的状況によっては，精神保健領域へつなぐことを検討する。

①　実際の状況から精神科医療ニーズが想定される場合

　深刻な借金・経済問題は，強い不安や心理的な落ち込み，うつ病，不眠，アルコール依存など，精神保健の問題を伴う場合が多いため，債務整理などの経済的な対処に関する説明を行うとともに精神保健上の問題も検討し，必要な支援につないで保護因子を高め，さらに専門性が必要になった場合の支援機関も案内して置くことが望ましい。

②　相談が精神疾患による影響を受けている可能性が想定される場合

　相談内容に比べて過剰に深刻なとらえ方になっている場合は，うつ状態による「認知の歪み」の可能性を考慮し，睡眠や体調，気分も質問し，状態に応じて身体科もしくは精神科の医療などへつなぐ。

③　多重債務者

　多重債務は法改正で減少した。法律相談などの会場で精神保健福祉相談を受けると，DV 被害，配偶者の精神疾患疑い，実家との関係悪化などの問題での来談が多い現状である。社会的な大変さにも関連し，高血圧や糖尿病などの慢性疾患のコントロール不良や，うつ病，不眠症などの問題をあわせもつ事例も

多い。多重債務の背景に依存症もありうることは前記のとおりである。法律相談，福祉制度の案内などに加え，状態に応じて適宜，内科などへ受診案内もしくは紹介するとともに気持ちの問題については希望に応じて，対面か電話かといった要素も勘案しつつ地域の実情を把握した上で市町村や都道府県の精神保健領域の相談機関，精神科医療の救急や相談のシステムにつなぐ。精神疾患に伴う行動上の問題については警察生活安全課なども案内する。

☐ 他の，自殺リスクが疑われる人の発見と連携の例

　周産期から乳児の医療・健診・訪問などでは，産後うつ病や産褥期精神病に注意を払い，精神科医療や支援体制につなぐしくみを国や地方自治体が構築している。児童生徒のいじめ被害は学校や教育関連の相談機関で早期発見・対応に努めるが，経過中に被害妄想などを伴う事例も稀ではなく，しばしば親の動揺への対処も要する。

　いじめ自体が終息した後にも対人恐怖などの後遺症に応じて精神科医療も活用するが，精神科医療の機能や役割，本人への支援の中での位置づけなどについて整理しつつていねいにつなぐことが必要かつ有用な場合も多く，精神保健領域の相談機関がかかわることもある。職場のメンタルヘルス対策では，セルフケア，ラインによるケア，職場の保健スタッフ，外部専門家／機関という階層で対応のしくみが考えられる。

③ 精神科医療へのつなぎ方

☐ 精神科医療機関の種類

① 標榜科や医療機関名

精神科医療機関は「精神科」を標榜する場合も多いが，受診者にとっての敷居の高さへの配慮などから「心療内科」「メンタルヘルス科」なども用いられる。病床がある場合は，制度上の用語では「精神病床」で，精神病床をもつ病院は「精神科病院」である。

② 精神科病床，保護室，閉鎖病棟の有無

精神科クリニック，精神病床のない総合病院，精神科病院であっても開放病棟のみで保護室もない総合病院，開放病棟のみだが保護室のある総合病院，精神科閉鎖病棟をもつ精神科病院，身体合併症の医療体制が整備されている精神科病院など，精神科医療機関の機能も様々であり，それによって診療可能な病状も異なる。すなわち，行動面の問題が重いと，大学病院を含め，多くの総合病院の精神科病棟では対応困難である。

逆に，身体科の病床をもたない単科精神科病院はＣＴも院内の血液検査設備ももたないのが普通で，単純撮影のレントゲン写真も撮れない病院も多い。身体科医を配置していない場合も多く，身体疾患への対応は，症例数も少なく看護スタッフも不慣れな場合が多い。すなわち入院可能な病状の範囲は限定される。昨今は精神科入院患者の高齢化が進んで身体疾患も合併しがちになったため，この部分は少し改善傾向にある。

③ 診療体制や配置されている職種の差異

デイケア，アウトリーチ体制，訪問看護の体制，医療ソーシャルワーカー（MSW）や精神保健福祉士（PSW）の配置などの有無でも診療できる病状は異なる。たとえば就労や職場復帰を目指す以前の回復段階のケア，治療中断を防

ぐ支援，日常生活への支援，受診や福祉制度の活用を助けるソーシャルワークなど，必要な支援の可能な医療機関につなぐ。最近は無床クリニックでもデイケアやアウトリーチの体制ももつ，いわゆる「重装備型」が増えたが，児童思春期，依存症，摂食障害，発達障害などの受け入れの可否は，個々の医師の専門性による部分も大きいのが現状といえる。

☐ 基本的な注意点

① 医療機関側へ受診の目的を明確に伝える

　精神科医が自殺対策に詳しいとは限らない。自殺のリスクや依存症の可能性を懸念していることなどを紹介側が明確に伝えないと，これらに注意が向かず，精神病圏の問題すなわち薬物療法が中心になる状態でないことだけを判断し，前記の問題などは考慮せず，単発の診療で終了してしまうことも多い。また，診察結果によっては入院できる体制を用意しておくことが必要な事例もある。診察を引き受けてもらいやすくするために，懸念される緊急性や複雑困難な部分を伏せて紹介すると，精神科医療は上述のように小回りの利き難い面があるため，診察の時点で難渋するかもしれず，これは紹介者の信用低下のみならず，患者の自殺リスクをも悪化させかねない。

② 受診できるかどうかを確認する

　外来受診に予約が必要な精神科が多くなった。単科精神科病院では夜間休日の診療体制は薄いのが通例で，アルバイトの内科医が当直を担っていることも多い。また，次項とも重なるが，紹介先医療機関に治療や管理の体制のない病状や身体状況が合併していると対応困難である。

③ 患者の状態に機能の合致した医療機関へつなぐ

　外来診療のみの精神科医療機関は，基本的には入院不要かつ自発的に治療を受けられる患者のみが対象であり，多くは緊急対応のしくみをもたない。最近は精神科救急システムの整備により，クリニックの場合でも主治医に連絡がつくことは増えたが，原則として緊急対応の体制はない。

精神科治療歴があれば，通常は紹介状が必要になる。たとえば身体科医からの紹介状で「前医（精神科）へ戻さない理由」を情報提供しても，これまでの精神科通院先の主治医のコメントもあわせて求められる場合が多い。

④　通院中の精神科へつなぎ直す際は紹介状の郵送などを行うことが望ましい

相談したり，そこで診療について話題になったりしたことを，本人は主治医に説明しないことも多い。情報提供の書面を本人に手渡しても，主治医に渡すとは限らない。自殺未遂で受診した救急医療機関からの診療情報提供書でさえも同様である。本人の承諾を得て直接，医療機関側に伝えるのがよいと思われる。

難渋するポイントと，その対応

①　本人や家族が精神科医療への受診に対し後ろ向きな場合

精神科の診療対象を狭くとらえ，かつ特殊な人のみを対象としたものと誤解したり，偏見をもっていたりする人も多い。精神科の役割は広いこと，不眠症の専門家は精神科医であることなどを伝えるのも一法である。まず身体症状で身体科（できれば身体科と精神科の連携などに理解のある医師）や心療内科への受診を勧めるなどの工夫も有用である。そもそも，うつ病などの患者が最初に訪れる医療機関はかかりつけ内科医などの身体科医療機関が多い。うつ病では自律神経症候すなわち身体愁訴が生じることも多いこと，精神科受診をためらう患者が多いことなどが理由である。うつ病などの早期発見・早期治療のために，身体科のかかりつけ医と精神科医の連携が「G-P ネット」といった名称で推進されている地域もあり，内科等での初期診療や精神科へ紹介するタイミング，紹介状に記載する項目などを解説した手引きや，インターネットを活用して情報の共有や治療方法の相談ができるしくみも作られた。しかしこれはまだ少ない上に，活動が停滞している地域も多い。

また「かかりつけ医等こころの健康対応力向上研修」などの名称で，2008年から厚労省の 1 ／ 2 国庫補助の予算枠で自治体が事業をおこなっている。当初

は内科などのかかりつけ医に対する自殺とうつ病に関する講義（4時間）が中心で，事業は対象者と対象疾患を拡大して継続された。

　なお，精神科紹介への抵抗は，従来の相談関係から切り離されることへの懸念による場合もある。実際には精神科医療を導入しても，相談に訪れる理由となった社会的問題は残る。紹介後も，本人の承諾があれば連携して相談継続が可能であることを，明確に伝えることも有用である。自殺の危機が切迫している可能性があるが措置入院への流れに乗る状況はなく，精神科の初診予約がすぐには入らないといった場合は保健所や精神保健福祉センターなどへ相談し，自殺の危険が指摘できる状態ならば警察に保護を依頼するなどの方法で安全確保に努める。

②　精神科医療機関に断られがちな状態

　自傷や迷惑行為などの行動化が生じるリスクが高い，受診の動機づけが不明確，薬物療法でなく他の対応が主な治療になるような病態が想定される，医療機関が「医療でなく専ら福祉サービスの対象」と判断するといった状況の場合は，精神科医療機関から断られることも多い。

　精神科医療の保護因子としてのニーズ（事例性）と精神医学的な重症度（疾病性）とは必ずしも一致しないが，これも医療機関に断られる要因である。すなわち精神医学的な問題でなく社会的な問題を医療に押し付けてくるのではないかと医療機関側が警戒し，精神医学的な介入の余地がある部分についても「診療対象でない」と判断してしまう可能性がある。

　この対策としても，紹介受診後も医療と並行して相談を継続できることは伝えたい。日頃から事例を通して顔の見える連携体制を構築しておくと，断られる事例が減り，他の医療機関や対応方法についてもアドバイスがもらえるようになることも期待できる。地域の精神科救急体制と，その中でかかりつけ医療機関の役割や義務がどのように規定されているかも含めた精神保健医療福祉の状況も把握しておきたい。

③　本人の気持ちが解決に向かわない場合など

　クライエントが自傷を打ち明けるが，自傷を止めることを拒否する場合は，打ち明けたことには良い評価を伝え「それほど苦しい」ことまでは理解できる旨を伝え，問題解決に向けて一緒に考えることの一環として受診や専門機関への相談も勧める。

　しかし希死念慮の訴えが強く，解決策は全て拒否するといった場合もある。自殺への思いや行動が切迫している場合は，会話は続けつつ他の人から専門機関や警察へ相談するといった対応を要する場合もある。

　このような事態に備える意味もあり，複数体制での相談，SOS のサインを事前から決めておく，などの準備が望ましい。また「二人だけの秘密」として希死念慮を伝える例もあり，対応者の心理的負担が大きい上に，常識的な枠組みを外れて個人的な支援を求められるリスクもある。日頃から「秘密」という約束には乗らないこと，約束してしまってもクライエントの身体生命の危機であれば緊急避難的対応として職場内や保健所・精神保健福祉センター・病院などに相談してよいことなどの原則を明確にし，単独で抱え込まないよう，心理的苦悩の大きなクライエントに対応する可能性のある全ての職員に指導しておく。

④ 紹介する際の実際の手順ならびに 様々な関係者の機能や位置づけ

☐ 実際の手順

　精神保健福祉ならびに精神科医療への紹介が有効に機能するためには，概ね下記のような手順で行うことが望ましい。

① 紹介しようとしている相手機関に電話を入れ，クライエントの抱えている問題の概要を説明し，対応可能であるかを確認する。

② 先方が対応できる日時，窓口，担当者などを確認し，予約する。

③ クライエントに対して，相談機関名，電話番号，アクセス方法，相談対応の日時，窓口名，担当者名等を確実に伝える。

　③は，可能であれば当該相談機関のリーフレットもしくはメモや書面で渡す。

　自殺リスクが疑われる場合は確実に支援へつないで保護因子を高めることが重要である。クライエントの様子や家族状況に応じて当日の予約時刻前と事後に電話確認なども行う。つながらないリスクが感じられる際は同行支援も有用である。

☐ 精神保健福祉領域で家族の果たす機能・役割

　精神科関係の社会資源との関係で，「家族」はインフォーマルなものの代表であるが，法の中では非自発的入院の同意者になれるなど，フォーマルな位置づけもある。家族は「自殺企図の動機」（危険因子）の上位である一方，保護因子としても影響が大きい。家族関係は，お互いに思い込みが生じるなどで，意思疎通（SOSを出す）が困難になりがちであり，他者の仲介が有用になりえる。疎遠になっていた家族でも，危機に反応して凝集性が高まることも多く，介入を試みる価値は大きい。

　家族内での虐待（身体，心理，性，ネグレクト，経済）も重要である。家族の

抱える困難がかかわりの中で開示されることも多い。なお，家族内の人間関係に以前からの問題が大きい例もある一方，本人に自殺のリスクがあることの判明や，本人の自殺未遂への反応として，家族が動揺して対処行動が不適切になっている例もある。

　具体的には，自殺企図であることの否認，本人の操作性への怒り，共感性のない対応，自殺の危険の過小評価，無関心な態度，自殺未遂に至った経緯の犯人探し，罪悪感，自殺を怖れて過剰に迎合的な対応になる，といったパターンが挙げられる。家族が精神科医療に否定的になったり心因論に偏ったりすることも多い。

　家族の法律上の権利と義務には，精神科病棟への入院を本人が希望しない際に代わって同意すること，ならびに退院請求などが挙げられる。2014年4月施行の精神保健福祉法で保護者制度が廃止され，医療保護入院時の同意者が「家族等」に拡大した結果，扶養義務者になれる範囲の親族などで，疎遠な場合も含めて連絡がつき，かつ意思表示する能力は有する人，すなわち「家族等」が存在する限りは，その中の誰かの同意を得ないと入院させられない。つまり以前に比べて「市町村長同意」の範囲が狭くなった。本人の苦境への支援を家族の道義的責任として強調する議論もみられるが，これは家族メンバー間に潜在的な関係悪化が生じる要因ともなる。また，家族間の情緒的な関係の歴史は容易には把握しきれない。負担感が減ると，同居の再開，コミュニケーションの回復なども含めて物心両面で大きな保護因子となる場合も多く，家族への解説や支援は重要である。

◯ 家族へのアプローチ

　家族の動揺をおさめ，協力的な関係を取り戻すため，下記のような順序と方向性でかかわることが多い。

　まず各家族メンバーと本人との関係や，本人のために割ける時間や手間や負担の見当をつける。次に「共に考える」スタンスでかかわり，家族のみで背負

わなくてもよいことを伝え，負担感の軽減を図る。また家族の動きを助言や同行で支援する。この際に，家族内の協力者を見落とさないよう，また特定の人に過度な負担がかからないよう注意する。その上で，実際にすぐ使うわけでなくても社会資源を案内する。

　自殺企図などで家族が動揺しがちな場合は，なるべく早期にかかわり，確実にわかる範囲での見通しを伝える。家族側の行動の成り立ちも理解するよう努力しつつ必要な助言や説明を行う。家族がかかわりを拒否する場合は，深追いせず家族側の気持ちに理解を示す方が事態が進展する場合もある（山梨県立精神保健福祉センター　2012）。

◯　知人・友人・上司・同僚，職場の関係者への対応

　知人・友人・上司・同僚，職場の関係者は，しばしば相談や自殺未遂時の救急搬送にも同行することがあるが，守秘義務には十分な注意を払う必要がある。また生活環境や職場環境の調整にも役割を果たしてもらえる場合があるので，協力的な関係が維持されるよう努める。支援する動きがあること自体による心理的効果も大きい。

◯　身体科の入院治療スタッフとの協働

　特に自殺企図の場合，身体的に安定して覚醒して間もない時期に，ていねいな問診やかかわりに応じて，抱えている困難や悩みを開示し，他者に救いを求める行動（援助希求行動）が回復したようにみえる例も多い。しかしこれは「カタルシス効果」による部分も大きく，その後の時間経過で再度，支援につながりにくい心理的状況に戻ってしまいがちである。

　なお，自傷や事故傾性によるものも含めて身体疾患へのケアは，本人の存在が無条件に大事なものとして扱われる体験であることから，身体科病棟のスタッフに対して生命にかかわる心理・社会的問題を開示する事例も多い。この時スタッフが不適切に巻き込まれてしまわず，適切な傾聴などを経て支援につな

げるかどうかには，日頃からの連携体制が重要である。

◯ 精神科領域に関係するものも含めた，行政機関の特徴・役割分担

　家族・知人などのインフォーマルな資源では保護因子が不十分な場合には，フォーマルな社会資源が重要になる。しかし近年，住民サービスは県から市町村へと権限移譲が進み，様々な事業の国庫補助金が廃止されて「一般財源化」する流れもあり，地域によるばらつきが大きくなっている。また障害福祉は「三障害一元化」の流れもある。

　市町村の役割は福祉サービスすなわちホームヘルプ，ショートステイ，補助金／助成などのほかに，自立支援医療（精神通院）ならびに精神障害者保健福祉手帳の受付から精神保健福祉センターへの進達（役所間で書類などを伝えること），介護保険関連の各種サービスを行う地域包括支援センター，各種相談業務などに加え，一般相談，計画相談，虐待防止，啓発活動など多岐にわたる。最近は障害児／者のワンストップサービスを目指す基幹相談支援センターを設置している自治体も増えた。

　一方都道府県の役割は，市町村への技術支援，困難事例への対応であり，その中で保健所は概ね中核市，政令指定都市，都道府県が設置している。精神保健福祉センターは政令指定都市と都道府県に設置されている。以前はこれらが精神障害者のデイケアを行っていたが，これも一部は市町村，多くは医療へ移行した。

◯ 行政を含めた各種の関係機関の，精神科領域に関する専門性

①　市町村

　相談支援従事者研修受講者や精神保健相談員の配置が「望ましい」となっており，保健師がその役割を担って運営されていることが多い。基幹相談支援センターを直営または民間委託で設置する自治体も増えてきた。しかし現在も，精神保健福祉は都道府県の役割といったとらえ方が根強く残る市町村は多い。

② 保健所

　地域保健法第3章に規定される地域保健対策の広域的・専門的・技術的推進のための拠点で，保健福祉事務所として設置している自治体が多い。保健所長は感染症への対応なども重要な役割になるが，精神科医が就任している場合もあり，対応できる範囲は一様ではない。非常勤嘱託の精神科医が相談対応を行っていることが多い。中核市の場合は措置入院の権限がないため精神関連への取り組みはまちまちであるが，市型保健所も，市町村への技術支援・困難事例への対応などの他，精神保健福祉法第23条（警察官の通報）への対応の初期段階も含め，地域精神保健に重要な位置を占める。未治療や治療中断の精神障害の事例についての受診援助も担う。

③ 精神保健福祉センター

　精神保健福祉法第6条に規定され，都道府県もしくは指定都市の精神保健福祉に関する技術的中核機関であるが，人員的な規模，診療機能やデイケアの有無，重点を置いている課題などにより，取り組み内容も様々である。非自発的入院の妥当性を評価したり退院請求に対応したりする精神医療審査会の事務局や，精神障害者保健福祉手帳ならびに自立支援医療（精神通院）の審査なども担う。地域住民への直接支援は，精神保健福祉相談の複雑困難事例などに対応する。従来，精神保健福祉相談のうちアルコール問題と思春期問題については「特定相談」として重点を置くことになっているが，これも自治体による。地域自殺対策推進センターの前身である地域自殺予防情報センターは，ここに設置した自治体も多かった。

④ 児童相談所

　都道府県，政令指定都市に必置義務があるほかに，中核市程度の人口規模で政令で指定された市も設置できる。診療所機能をもつところもある一方，医師は精神科と小児科の各非常勤のみのところも多い。精神科医は対象児の医学診断，親子再統合支援などに携わっている。児童福祉司の約3割を社会福祉士が占め，児童心理司も配置されている。対応件数の激増が指摘されている児童虐

待に関しては権限も責任も大きいが，それに見合う体制ではなく，疲弊しているのが通例である。自殺リスクが疑われる状態も相談の対象であるが，虐待死リスクの事例に比べて対応が遅くなりがちで，問題の深刻さを明確に伝えることが特に重要である。

⑤　高校までの教育関係

学校（国公立，私立），教育委員会などの精神科領域への関心は近年，発達障害に偏っていたが，最近は自殺予防教育を行う学校も増えつつある。一方で，「自殺」という用語の使用については児童生徒や保護者の反応を警戒する考え方も根強い。自治体によってはスクールソーシャルワーカーを配置しており，学校側の求めに応じて派遣し，社会的に追い詰められている世帯を支援している。地域によっては，精神保健福祉の専門家達のチームがマスコミ対応などについても訓練を受けて準備しておき，学校関連で自殺などの事案が発生した際に外部から学校に入って対応を取り仕切り，群発自殺などのリスクを下げる狙いの「自殺事後ケア事業」を行政側から積極的に展開している。

⑥　教育機関（高校卒業年齢以降）

近年は多くの大学，短期大学，高等専門学校が学生相談機関を置いている。これは看護職や栄養士なども配置される保健センター内に，カウンセラーとして教員を置いて設置されることも多い。発達障害やひきこもりへの支援も進みつつある。自殺対策への関心も深まっており，保護因子として有用な連携が可能な場として機能しうる。

⑦　心理カウンセリング機関

自殺予防に特化した専門性をもつ機関は少ない。標準的な考え方で技術も高い機関もあるが，独特な解釈や方法論で対応する機関も散見される。通常は費用の自己負担を伴う。自殺リスクが疑われる例をつなぐ際に留意すべき点の一つとして，連携先の精神科医療機関の有無も重要である。

⑧　民間（事業委託を含む）事業所

相談支援事業所は障害福祉サービスの利用援助などを担う。社会福祉協議会

は日常生活自立支援事業・個別支援活動，生活福祉基金貸付事業などに加え，生活困窮者自立支援制度（市または都道府県）の各種事業についても委託を受けている事業所もある。

⑨　介護サービス事業者・介護支援専門員（ケアマネジャー）

介護保険制度では保険給付の対象者である要介護者に対して，介護支援専門員が中心となって介護サービスの給付計画を作成し，実施上の調整を行う。クライエントが要介護者である場合も，クライエントがになう介護負担が問題になる場合も，その状況を伝えて協議し，支援計画の見直しなどを通して危険因子の減少や保護因子の増加を図る。

⑩　各種の民間団体

近年は地域に根差す民間団体も増え，それぞれに自助グループ，貧困対策，心のケアなどといった特色をもって活動している。精神科医療領域に高い専門性をもつ団体もある。普段からの活動などを把握できていないと，どのような連携が可能か判断し難い。たとえば電話による自殺予防としては，いのちの電話，東京自殺防止センターなどが挙げられ，自治体も電話相談を運営している。電話相談は，明確な希死念慮は窺えないリピーターが回線を占領し，なかなか通話がつながらなくなってしまう傾向が強く，対策に苦慮されている。

面接相談・交流会を行っている民間団体や，生活支援として食料を供与する団体などもある。自死遺族の会は全国的なものも地域のものも，各地で活動している。依存症の当事者会・家族会は治療上の役割も非常に大きい。これらは地域により，つなぎやすい所を選択する。保健所や精神保健福祉センター経由でつながることもありえる。

注意すべき点・難しい点として，反精神科医療の団体などもあるため，連携に注意が必要であること，団体としての活動なので各クライエントの個別的な事情には応じがたい場合もあることなどが挙げられる。

⑪　法律家

社会的に追い詰められて心理的視野狭窄に陥るような状況でも，法律家のア

ドバイスはしばしば非常に大きな助けとなる。詳細は本書の次章を参照のこと。

☐ 自殺未遂者支援の位置づけ

　① 自殺の位置づけ：自殺は追い込まれた末の死であり，本人の「意志」によるといえる事例は稀である。自殺既遂者の96％に精神疾患すなわち精神科へ行けば何らかの診断名がつく状態があるとのデータを本章の冒頭で紹介したが，その中には社会的要因に状態や経過が大きく左右される疾患も多い。

　② 直前の状況：自殺の最大のキーワードは孤立（高橋 2006）ともいわれる。これにはうつ病による認知の歪みで「孤立」と思い込む，なども含む。すなわち，支援につながる力が低下している場合が多い。

　③ 自殺の最大の危険群：自殺既遂の最大のリスク因子は，最近の自殺未遂の既往である。これらから，社会全体で取り組むこと，すなわち経済・福祉制度などの充実や運用の工夫，クライエントが保護因子としてのセーフティネットにつながることが重要であり，フォーマルな支援とインフォーマルな支援の両者を検討する。未遂者では身体科の治療が一段落した時点で，医療機関が精神科医療や福祉などへつなぐことも多いが，支援につながる力が低下していると，治療や支援の機関が代る際にドロップアウトしてしまいがちである。これは再企図リスクの増加に直結する。

　対策として，保護因子へのつなぎを強化する取り組みが有用である。また，体制の整った医療機関で濃厚なフォローアップを行うことで，半年間以上にわたって再企図リスクを軽減できることが本邦のデータで示されている（Kawanishi 2014）。未遂者に対して簡略なかかわりを続けることで，再企図率も死亡率全体も低下することが知られている（ベルトローテ 2007）。すなわち，病院へ搬送されてすでに医療がかかわっている未遂者支援のような場合でも，色々な立場や状況に応じて，医療以外の立場から孤立を防ぐかかわりを工夫することが有効な可能性がある。精神科も含めて医療は強力なツールではあるため，適応があってアクセス可能なものは優先的に使用するが，そこでカバーさ

れない部分については，社会資源を活用して支援することも重要だといえる。

注

(1) 脳の機能変化が一次的な原因で抑うつ状態が生じるもの，という疾患概念。現行の操作的診断が一般的になる前は，単に「うつ病」というと，この内因性うつ病をさすことが多かった。

(2) 原則として表面化している認知行動上の問題のみから一定の基準に沿って診断分類に当てはめる。精神科領域では WHO の ICD や米国精神医学会の DSM などが代表的。

(3) うつ状態の特徴と躁状態の特徴が同時に併存している状態をさす。うつ状態による悲観的な認知の歪みと，精神運動興奮による行動の亢進が重なるため，自殺リスクが高い。

(4) この法律で「家族等」とは，「当該精神障害者の配偶者，親権を行う者，扶養義務者及び後見人又は保佐人をいう」ただし①行方の知れない者，②当該精神障害者に対して訴訟をしている者またはした者並びにその配偶者及び直系血族，③家庭裁判所で免ぜられた法定代理人，保佐人又は補助人，④成年被後見人又は被保佐人，⑤未成年者を除く（精神保健福祉法第33条第2項）。2014年の精神保健福祉法改正で保護者制度が廃止され，医療保護入院時は「家族等」のいずれか1名の同意によって可能とし，その家族の破産歴や非自発的入院中であるか否かなどは問わなくなった。入院の継続は家族等の同意でなく病院側の判断に拠ることになった。本人だけでなく家族等が退院を求める際にも，都道府県知事もしくは政令指定都市市長に，精神科病院の管理者に対し，その者を退院させることを命じることを求める「退院請求」を行う。

(5) 同前。

(6) (1)と同じ。

引用・参考文献

ベルトローテ，J. M.／高橋祥友・山本泰輔訳（2007）『自殺予防対策センターブックレット No.1——各国の実情にあった自殺予防対策を』国立精神・神経センター精神保健研究所自殺予防総合対策センター，11-12, 14.

自殺予防総合対策センター（2011）『いきるを支える——精神保健と社会的取り組み相談窓口連携の手引き』第4章（13-16）.

「自殺総合対策大綱〜誰も自殺に追い込まれることのない社会の実現を目指して〜」.

Kawanishi, T. et al., (2014) Assertive case management versus enhanced usual care for people with mental health problems who had attempted suicide and were admitted to hospital emergency departments in Japan（ACTION-J）: a multicentre, randomised controlled trial. *The Lancet Psychiatry*, Volume 1, Issue 3, Pages 193-201.

長崎県自殺対策専門委員会（2010）「長崎県自殺総合対策　相談対応のための手引き集（第1巻）　借金・経済問題への対応（二訂）」.

高橋祥友（2006）『自殺予防』岩波書店.

山梨県立精神保健福祉センター（2012）「平成23年度　研究紀要」.

第**5**章

社会資源の理解と活用2：司法領域との連携

・・・

「自殺の危険因子」である「失業もしくは経済的損失」にあたる労働問題や借金問題，また離婚問題や職場におけるいじめ問題などの「人間関係」の問題は，裁判所や弁護士などの司法分野につなげて問題解決を図ることが考えられる。すなわち，司法分野と連携することで，当事者の抱える問題を解決し自殺の危険因子を減少させることは，効果的な自殺予防といえる。

　そこで本章では，自殺予防のために，司法分野における社会資源について学び，それぞれの社会資源の役割について理解するとともに，社会資源へのつなぎ方，特に自殺予防の点から重要といえる「経済・借金問題」において，より効果的なつなぎ方について理解することがねらいである。

 ## 司法分野へのつながり

☐「自殺の危険因子」から司法分野につなげられる例として

　まず，本書第2章第1節でふれた「自殺の危険因子（個人）」のうちの「失業もしくは経済的損失」は，たとえば，返済困難な借金の問題，失業，仕事上の悩み（賃金，残業代不払い，長時間加重労働），生活保護切り下げ等，借金問題，労働問題等として，裁判所，弁護士等の司法分野による解決が考えられる。また，「自殺の危険因子（人間関係）」のうちの「人間関係の葛藤，不和，喪失」も，たとえば，学校でのいじめ問題，職場での差別，セクシャルハラスメント（含LGBT），パワーハラスメントの問題，あるいは，離婚，DV，虐待等の家庭の問題，さらに，子育て，介護等の問題として，法律家の関与により解決できる場合がある。

　このように，司法分野につなげて，当事者が抱える問題を解決することによって自殺の危険因子をなくすことは，自殺予防に有益だといえる。

◯ 司法分野の社会資源とその役割

　そこで，司法分野における社会資源は，自殺予防のための社会資源といえる。

　地域における司法分野の中心といえば裁判所となろうが，市民が相談すると
なれば，個々の弁護士，司法書士，あるいは各都道府県の弁護士会，司法書士
会，法テラス（日本司法支援センター）であり，これらが司法分野の社会資源と
いえる。さらに，各地方自治体の生活困窮者自立支援制度の相談窓口など各種
相談窓口，独立行政法人国民生活センター，全国の消費生活センター，労働基
準監督署，労働局，ハローワーク，配偶者暴力相談支援センター，警察を通じ
て，あるいは社会福祉法人社会福祉協議会（社協），その他，民間団体として，
いのちの電話，民間シェルター，全国クレサラ・生活再建問題対策協議会（略
称：クレサラ対協）などを通じて，さらには，各相談員，担当者を通じて，個々
の弁護士，司法書士に相談するケースも多いことから，大きくとらえれば，こ
れらがみな，司法分野につながる社会資源ということができる。

　このうち，各都道府県の弁護士会，司法書士会は，弁護士または司法書士の
強制加入団体として，法律相談センターなどを備え，様々な法律相談等の役割
を担う。

　また法テラス（日本司法支援センター）は，国民が法的なトラブルの解決に必
要な情報やサービスの提供をどこでも受けられるよう，総合法律支援法に基づ
き設立された法務省所管の公的な法人である。法テラスは，法テラス・サポー
トダイヤルや全国の法テラス地方事務所にて，問い合わせの内容に応じて，問
題解決に役立つ法制度や，地方公共団体，弁護士会，司法書士会，消費者団体
などの相談窓口を無料にて案内（情報提供業務）したり，経済的に余裕のない
人に対する無料法律相談や，弁護士・司法書士費用などの立替え（民事法律扶
助業務）などの役割を担っている。利用者は，原則として，毎月，分割による
支払いが必要となるが，生活保護受給中であれば返還の猶予や免除制度もあり，
誰もが法律家による交渉，裁判手続きを行うことを可能とする役割を担ってい
る。

◻ 社会資源へのつなぎ方について

　基本的には，先に述べたように個々の弁護士，司法書士に，あるいは各都道府県の弁護士会，司法書士会の法律相談へ連絡する，また，法テラス（日本司法支援センター）のサポートダイヤルもしくは全国の法テラス地方事務所に電話することになる。

　ここで，地域によっては，法テラスは，予約が取りにくい，必ずしも当該問題に詳しい弁護士にあたらない等の問題がある。また予約が取れても，面談による相談時間は1回20分と限定されており，20分では十分な相談が難しいという実情がある。

　そこで，法テラスにつなぐ場合には，窓口に電話して予約を取る際に，どのような相談なのか（借金問題なのか，離婚問題なのか等）を告げて，その問題に詳しい法律家が対応している曜日，時間をたずね，その曜日，時間に予約を取る，また，早期の相談が必要であることを告げて，できるだけ早い日時に予約が取れるよう依頼する等の工夫が必要といえる。

　また，法テラス相談が1回20分であること，同一内容の相談で3回まで無料相談が可能であることを頭に入れておき，1回目の相談で担当した法律家に問題解決や法的な対応を依頼したいと思った場合や，より詳しく相談したいという場合は，その担当した法律家から名刺をもらうなどして事務所等の連絡先を聞くか，事務所に行って個別にさらに相談したい旨を告げて，その場で予約をとり，後日改めて相談する方法も有益といえる。

　仮に，1回目の相談で対応した法律家が，話にくかったり，説明がよくわからない等で，続けて相談することに躊躇を覚える場合，2回目の無料相談の予約を取り，早期に，別の法律家に相談することが大切である。たとえ，1回目の相談があまりうまくいかなくても，法律相談にも相性があると気を取り直し，次につなげることが重要といえる。

　もちろん，後述するように，社会福祉士が法律家につなぐ際には，「紹介カード」を活用するなどして，相談者の悩み，相談内容をできるだけヒアリング

しまとめておくことや，債務整理の相談の場合，相談に持参すべきもののリストを参考に，相談当日，必要なものをすべて持参して，1回目の面談相談をできるだけ効果的なものにできるようにすることが重要である。

なお，こうした法テラスの問題の解決策として，法テラスと契約している弁護士，司法書士に直接連絡を取り，法テラスの持ち込み事件として同弁護士，司法書士の事務所等にて，20分という時間制限なく無料法律相談を行うことができるという方法があることを覚えておこう。そのためにも，日頃から直接連絡を取り合える「顔の見えるつながり」を築いていくことが重要といえる。

また，後述する「経済・借金問題」については，前記社会資源のところで述べた，民間団体である全国クレサラ・生活再建問題対策協議会（略称：クレサラ対協）という，全国に相談窓口をもち，当該問題を専門とする法律家等の団体につなぐことや，自治体の生活困窮者自立支援制度の相談窓口につなぎ，そこで，連携，対応している法律家につなぐことも有益である。

◻ 双方からのアプローチの重要性

以下で詳述するように，社会福祉士は司法分野と，双方からのアプローチによる連携が重要となる。

社会福祉士は，①福祉課題を抱えた者からの相談に応じ，必要に応じてサービス利用を支援するなどの役割を担い，②自立生活を営むことができるよう，関係機関，団体，専門職との連携を図り，自ら解決できない課題については他の担当者に橋渡しを行い総合的・包括的に援助していくとともに，③地域の福祉課題の把握や社会資源の調整・開発，ネットワークの形成を図るなど，地域福祉の増進に働きかける役割を有しており，連携のコーディネーター，ネットワークの要にふさわしい存在といえる。

② 「経済・借金問題」における社会資源への つなぎ方1：特徴，留意点

◯ 経済・借金問題と自殺

① 依然として多い「経済・生活問題」による自殺

　日本における消費者金融の利用者は，2006（平成18）年に1000万人を超えた。その後，返済しきれないほどの借金を抱えた「多重債務者」の増加と，多重債務を原因とする自殺が深刻な社会問題となった。

　現在も，警察庁の統計「令和2年中における自殺の状況」（令和3年3月16日）における原因・動機別の自殺の状況をみてみると，令和2年自殺者数2万1081人のうち，「経済・生活問題」が原因，動機とされた者は3216人にのぼる。「経済・生活問題」は，自殺の原因・動機として，依然として，「健康問題」に続いて多い状況であり，自殺対策としても放置できない問題であることがわかる。

　また，借金による自殺既遂者や未遂者の多くは，専門家による適切な援助につながっていなかったことがわかっており，当事者が専門家による適切な援助につながっていれば，自殺は予防できたことが示唆されている。

② 借金，多重債務問題をめぐる法改正と現状

　上記のとおり，社会問題化した多重債務問題に対応するため，2006（平成18）年，多重債務の原因となる高金利の是正（上限金利の引き下げ）や，借りすぎ防止のため，年収の3分の1を超える借入れを禁止する総量規制の導入等，貸金業法の改正等が行われた。こうした貸金業法改正（2010（平成22）年6月，完全に実施）等により，多重債務問題には一定の改善がみられたといえる。

　しかしながら，他方，上記の貸金業法改正により，総量規制に抵触する場合は原則として新たな借入れができなくなったため，追い詰められた債務者はついいわゆる「ヤミ金」（本章第3節参照）に手を出してしまい，さらに追い詰め

られていく状況も出てきた。以前よりも、問題が見えにくい深刻な状況に陥る
ケースが懸念されている。

③　誰にでも起こりうる問題であるとの理解を

こうした借金、多重債務問題は、突然の病気、失業、離婚などにより、医療
費が払えない、今月の家賃が支払えない、今月の生活費が足りないといった、
日常生活において誰にでも起こりうることがきっかけとなって発生しうる。多
重債務問題は、実は私たちの身近なところに存在し、誰にでも起こりうる問題
であることを、まず理解しておくべきである。

◻ 多重債務者の状況と心理

まず、相談、対応する側の基本的な心構えとして、多重債務者の置かれた状
況と心理を理解しよう。返済しきれないほど多額の借金（多重債務）を抱えて
いる人の多くは、基本的にまじめであり、「借りたものは返さなければならな
い」と悩み、借金を返済するためにさらに借金を繰り返し、状況を悪化させて
いるという状況である。

そのような人が日々取り立てに追われるようになると、次第に余裕を失い、
冷静な判断が困難となり、いわゆる「ヤミ金」に手を出してしまう危険も出て
くる。また、借金の問題を抱えていることは恥ずかしいという感情もあって、
話しにくいと感じる人も多く、誰に相談してよいかわからず追い詰められてい
き、なかには自殺に追い詰められる人もいる。

◻ 相談における初期対応、対応する側の姿勢

このように、多重債務を抱える相談者（以下、相談者）は、借金を抱え、日々
の取り立てや資金繰りに悩み、心身ともに疲労困憊の状態にあることを理解し
て、まずは相談者に対しねぎらいの言葉をかけるなど、相談者の気持ちに寄り
添うように努めよう。「今から一緒に解決していきましょう」という姿勢が大
切である。

① 安心して話してもらうことの重要性とその方法

重要なことは，相談者に「安心して」心を開いて，正直に話してもらうことである。相談者の置かれている状況を把握しなければ，適切な支援はできないからである。

相談者に安心してもらうために，まず，「専門家の支援があれば借金の問題は解決できる」ことを伝える。次に，「弁護士，司法書士が受任し，貸金業者に通知すれば，取り立ては止まる」ことを伝える。また，相談者のなかには，相談すると，近隣の人などに自分の借金のことが知れ渡るのでは，と心配する人もいるので，「相談内容は，あなたの了解がない限り，外部には漏れない」ことを伝えることも重要である。

② 叱責，説教は逆効果

他方，気をつけなければならないのは，くれぐれも相談者を責めたり，非難したりしないように，ということである。たとえ，借金の原因が，ギャンブルや，過度な飲食費用など遊興費であっても，「そんなことをしてはダメでしょう」などと相談者を責めるのは問題解決には逆効果である。相談者を責めても，借金問題は解決しない。かえって相談者を委縮させ，相談者の心を閉ざし，問題解決を困難にすることになりかねないことを理解すべきである。同様に，「弱音を吐いてはだめ」，「しっかりしなさい」等，叱責，説教も，つい言いがちであるが控えなければならないことを心すべきといえる。

③ 多重債務問題の早期発見を！

また，初期対応の際に理解しておくべき大切なこととして，相談者本人の主訴が必ずしも借金問題でなくても，たとえば，家庭の問題（夫婦関係，親子関係がうまくいっていないなど），職場の問題（リストラ，仕事がうまくいかないなど），健康問題（病気入院費用など）等の場合でも，そうした問題に借金の問題が関係している場合があるということである。先に述べたように，相談者の心理として，借金の問題は恥ずかしい，言い出しにくいという心理がある。そこで，こうした隠れた借金問題を発見し，専門家につないでいくなどの対応も必要にな

ってくる。

　このツールとしても，巻末資料の生活支援アセスメントシートの「様式2　基礎シート」（202〜205頁）は大いに活用できる。たとえば，「（3）暮らしの基盤（各種制度，公共料金，債務整理の状況）のなかで，「③公共料金等の支払い状況」における公共料金や家賃の滞納がないか，「①各種制度の加入状況」における保険料の滞納がないか，「②毎月の収入（1か月分）」がどうなっているかなど，アセスメントしていくなかで，借金問題を発見することが可能といえる。

　また，家庭の問題（別居や離婚など）や職場の不安（賃金の未払い，解雇など），健康の悩み（通院，入院など）等について話を聞いていくなかで，借金問題を抱えていることが明らかになる場合があることも理解しておくべきといえる。

④　借金のことをたずねるのはプライバシーの侵害にならない

　相談者から話を聞いていくなかで，「借金のことをたずねるのはプライバシーの侵害にならないのか？」という疑問が出てきたり，「借金のことは，聞きにくい」というとまどいを覚える人もいるかもしれない。

　これは，ある相談を受けた社会福祉士の経験であるが，「借金はありませんか？」と，たずねると，相談者が，「えっ，どうしてそんなことを聞くのですか？」，「私が借金してるって，誰か噂しているのですか？」と，驚いたような，怒ったような反応を示したので，その社会福祉士は，「いえ……そんなことは……」と，口ごもってしまい，気まずい思いをした。同様の経験はないだろうか。

　また，相談を受ける側において，「相談者が積極的に相談しない借金のことを，どうしてたずねなければならないのだろうか？」と，いう疑問をもつ人はいないだろうか。

　こうした疑問，とまどいは，「借金問題は，恥ずかしくて，自分から話しにくい」という多重債務者の心情や，「隠れた借金問題を早期に発見し，専門家の適切な援助につなげていくことが，自殺予防において重要だ」ということをきちんと理解しておけば，対応できると思われる。

それでも，「たずねにくい」という場合もある。そのような時は，巻末資料生活支援アセスメントシートの「様式2　基礎シート」（202〜205頁）等があると，「このように皆さま全員にお聞きしているんですよ」とさらりと，そして自信をもってたずねることができる。

3 「経済・借金問題」における社会資源へのつなぎ方 2：「ヤミ金」「ソフトヤミ金」の理解と対応

○ いわゆる「ヤミ金」と，新たな「ソフトヤミ金」

　いわゆる「ヤミ金」とは，貸金業を営むために法律上要求される登録を得ずに，貸金業を営む者を指す。ヤミ金は，はじめから法律を守るつもりがないため，法外な高金利を要求し（たとえば「トイチ」=「10日で1割の利子」），時には難癖をつけて完済させず，ひとたび返済が遅れると暴力的，過酷な取立てを行う。ヤミ金は店舗をもたず，チラシ等に連絡先，問い合わせ先として携帯電話の番号を記載する090金融がほとんどである（連絡先が携帯電話の番号の場合，ほとんどがヤミ金であるといえる）。

　ヤミ金は，まず「即日融資」「他店で断れた方でも OK」「らくらく・簡単」など利用者の心理をついて誘い込んでくる。貸付金額は，3万円から5万円など小口で，貸付期間は7日から10日間と短期間なのが主流である。小口なのですぐに返済できるだろうという利用者の心理をついてくる。

　しかし，違法な高金利のため，返済請求額は雪だるま式にあっという間に膨れ上がり，短期間に返済請求されるので，債務者はすぐに行き詰まってしまう。たとえば，先ほどふれた「10日で1割の利子」を要求する「トイチ」のケースでは，30日で金利30%，1年になると365%の年利になり，5万円を借りた場合，10日後に利息が5000円，30日後には利息が1万5000円，1年後には利息として18万2500円をプラスして返さなければならなくなるということである。さらに，近時は，「トサン」（10日で3割の利子），「トヨン」（10日で4割の利子），「トゴ」（10日で5割の利子）という違法金利も珍しくない。

　また，ヤミ金業者の特徴として，業者は返済が遅れた時の取立てのために，借りた本人の住所，電話番号，勤務先のみならず，親兄弟や親せきの連絡先を聞いてくることがほとんどである。少しでも返済が遅れると親兄弟や親せきに

脅迫まがいの電話をかけるなど，厳しい取立てを行って精神的に追い詰め，違法な高金利の利息を支払わせる。そしてヤミ金は，多重債務者や自己破産者をターゲットにして，電話，ダイレクトメール，ショートメールなどで勧誘してくることも多く，また，一度ヤミ金業者から借入れをすると，他のヤミ金業者から電話やダイレクトメールによる勧誘が頻繁に行われるなど，業者間で情報を共有されている場合も多い。苦しい返済のために別のヤミ金から借りることを繰り返し，悪循環に陥っていくことも懸念される。

　以上のヤミ金に対し，最近，新たな手口として問題が顕在化してきたのがソフトヤミ金である。ソフトヤミ金とは，「一見，対応が親切」「一見，親身に相談にのってくれる」等の特徴があるが，あくまでも非合法の「ヤミ金」であり，違法な高金利で貸付けを行う。そして，様々な難癖をつけて完済にはさせず，次々と返済のための融資を行い，いつまでたっても完済できない状態にして，借り手から搾取する業者が多いのは従来の「ヤミ金」と同じである。

◯ クレジットカードのショッピング枠の現金化

　クレジットカードには，通常，商品やサービスを購入して後払いにする「ショッピング」の機能と，カードを用いてお金を借り入れる「キャッシング」の機能があり，それぞれに利用できる金額枠が設定されている。ここでいう，「現金化」とは，本来商品等を後払いで購入するための「ショッピング」枠を，現金を入手することを目的として利用することである。

　具体的な方法としては「買取屋方式」と「キャッシュバック方式」があり，両者とも「クレジットカードのショッピング枠で現金化サービス」などとうたって勧誘する。「買取屋方式」とは，クレジットカードのショッピング枠で商品等を購入させ，それを買取業者が購入額以下で買い取り，利用者に現金が渡るしくみである。他方「キャッシュバック方式」とは，利用者にキャッシュバック付商品をクレジットカード決済で購入させ，現金化業者が購入額以下の現金を商品とともに渡すしくみである。

◯ それぞれへの対応方法について

　クレジットカードの現金化について，まずは，その危険性を理解してもらい，止めるよう助言することが必要となる。一時的に現金を手に入れることができたとしても，後でその金額よりも高額なクレジットカードの支払いに追われ，さらに債務を膨らませてしまう結果になる。さらに，クレジットカードの利用停止，買取業者から約束した金額が支払われない等，トラブルに巻き込まれる可能性が高いからである。そのうえで，返済できない場合は，多重債務の問題として専門家につなぐことが必要となる。

　次に，ヤミ金，ソフトヤミ金の場合，相談対応者は，専門家と警察に早急に被害を訴えることが必要になる。ヤミ金，ソフトヤミ金という違法な業者には，一切，返済する必要がないことを理解し，相談者に伝えることが必要である。

　なお，ソフトヤミ金の場合，親切そうであっても「ヤミ金」であること及びその危険性を理解してもらったうえで，専門家等と警察に行くことが必要となる場合もある。相談者が一見，親切なソフトヤミ金に信頼を寄せている場合も多く，「ヤミ金」であることをきちんと理解してもらわないと，相談対応者に反感を買ったり，心を閉ざして，事情を話してくれなくなることが懸念されるからである。いずれにせよ相談者のおかれている状況をよく聞くことが大切である。

4 「経済・借金問題」における社会資源へのつなぎ方3：自殺と生命保険，相続放棄について

　「経済・借金問題」は，親族が借金を抱えて自殺した場合など，相続にからんで発生する場合もある。自死遺族支援ともかかわる重要なところであるので，相続がからんでいる時は法律専門家につなぐことが望ましい。相談者の置かれた状況を適切に理解し，法律専門家につなぐために，生命保険，相続放棄について知っておくことが求められる。以下，基本的な事項を説明していく。

◯ 自殺と生命保険（死亡保険金）の問題の基本

　被保険者が自殺した場合，生命保険金（死亡保険金）が支払われるのかは，多く質問が寄せられるところである。

　まず，ほとんどの保険会社は，各保険会社ごとに約款にて，「責任開始日より3年以内に被保険者が自殺をされた場合は保険金のお支払いはできません」等，1～3年の免責期間を定めている。したがって，この免責期間を過ぎれば，被保険者が自殺した場合であっても，保険金は支払われることになる。

　ただし，たとえば重度のうつ病にり患して通院していたにもかかわらず，病気を隠して生命保険に加入した場合等，告知義務違反として保険金は支払われない場合もある。

　なお，免責期間の起算点は，保険契約日ではなく，その後，生命保険会社が保険金等を支払う責任を負う開始日である「責任開始日」であることに注意が必要となる。責任開始日は，保険契約を申請し，告知・診査を経て第1回の保険料が払い込まれた時点と定められているのが通常である。

◯ 免責期間内の自殺の場合について

　では，免責期間内に被保険者が自殺した場合，生命保険金の支払いを受ける

ことはできないのかが問題となる。

　心神喪失や精神疾患によって意思能力がないと認められた場合は，免責期間以内の自殺であっても支払われることがある。すなわち，精神疾患等により「自由な意思決定」ができなかったと認められる場合，免責期間にいう「自殺」に当たらないといえ，保険金の支払いが認められることになる。もっとも，具体的な事案において「意思能力がない」と認められるかどうかは，裁判においても結論が分かれているところであるので，免責期間内の自殺の場合は，過労死問題，自殺問題等を扱っている弁護士に相談することが重要といえる。

☐ 相続放棄と生命保険（死亡保険金）について

　では，被相続人（亡くなった方）が借金を抱えていた場合，相続による債務の支払いを免れるため，相続放棄をすると，生命保険金（死亡保険金）は受け取れなくなるのだろうか。

　この場合，生命保険金（死亡保険金）は受け取ることができる。受け取る死亡保険金は死亡した人の財産ではなく，保険金受取人の固有の財産だからである。

　ここで，相続放棄する場合は，自己のために相続があったことを知ったときから3か月以内（熟慮期間）に家庭裁判所に相続放棄の申立てをすることが必要である。もっとも，相続財産の調査をして，承認するのか放棄するのかを決めるのに，現実的に3か月以内では時間が足りない場合がある。

　こうした場合は，熟慮期間内に家庭裁判所に相続の承認・放棄の期間の伸長を申し立てることができる。熟慮期間の伸長は家庭裁判所の裁量により決定されるが，1か月程度から場合によっては半年程度まで，伸長が認められることが一般的である。

　なお，注意すべきことは，熟慮期間は相続人ごとに進行するので，一人の相続人が期間の伸長の申立てをしても，その他の相続人の熟慮期間には影響を与えないということである。したがって，相続人全員が期間の伸長をしたい場合は，相続人全員がそれぞれ申立てを行う必要がある。

⑤ 債務整理の方法の理解： 専門機関につなぐために

☐ 専門家へ相談するメリットを伝える

　借金問題を解決するためには，弁護士もしくは司法書士という法律専門家につなぎ，法律専門家と債務整理の手続きを進めていくことが必要である。

　そこで，まず，借金問題を抱える相談者（以下，相談者）に，①法律専門家と面談し，法律専門家から消費者金融など債権者に対し，債務整理を受任したことを告げる「受任通知」を発送してもらえば，取立てが止まること，②利息制限法への「引直し計算」により，借金が減額される（場合によっては借金がゼロになる，さらに過払い金を回収できる）可能性があることを伝え，法律専門家へ相談するメリットを理解してもらうことが重要となる。

　ここで，「引直し計算」とは，「法律上，支払う必要がないのに支払ってしまった利息は，元本の返済として支払ったことにして，借金の額を算出し直す計算」だと理解しておこう。

　なお，相談者のなかには，「債務整理イコール破産」と誤解したり，「債務整理」と話をした途端，「破産だけはしたくない」と拒絶されることも考えられる。その際には，「債務整理」には4つの方法があり，必ずしも自己破産となるわけではないことを伝え，4つのうちどの方法がその相談者に最も適しているか，法律専門家とよく相談して，決めることを理解してもらい，法律専門家への面談とつなげることが必要といえる。

☐ 債務整理の4つの方法と特例

　債務整理の4つの方法とは，①任意整理，②特定調停，③個人版民事再生，④自己破産の4つである。さらに，⑤新型コロナウイルス感染症の影響を受けた個人債務者の債務整理に関する特例として，コロナ版ローン減免制度が2020

（令和2）年12月1日から適用開始されている。まず，それぞれの方法の概要を
理解しよう。

① **任意整理**

裁判所を使わずに，法律専門家（弁護士又は司法書士）と貸金業者間の交渉に
より（過払い金があれば回収し）債務を減額したうえで，月々の返済額，返済期
間等について合意して返済計画を策定し，借金問題を解決する方法である。

② **特定調停**

裁判所（裁判官と調停委員からなる調停委員会）が相談者と貸金業者の間に入り，
双方の言い分を聞いたうえで，双方が歩み寄って合意に至るよう促し，合意に
より借金問題を解決する方法である。

③ **個人版民事再生**

裁判所の関与の下で，再生計画を立て，これに従い債務を返済していく方法
である。再生計画では，実現可能な返済スケジュールと借金の一部カットが計
画される。

④ **自己破産**

裁判所の手続きを通して，持っている資産をお金に換えて，返せるだけ返し，
返せない部分の借金を免除（免責）してもらう手続きである。

⑤ **コロナ版ローン減免制度（「自然災害による被災者の債務整理に関する
　　ガイドライン」の新型コロナウイルス特則）**

新型コロナウイルスの影響での失業や，収入・売上が減少したことなどによ
って，債務の返済が困難になった個人・個人事業主について，2020（令和2）
年2月1日以前に負担していた債務に加え，2020（令和2）年10月30日までに
新型コロナ対応のために負担した債務について，④自己破産や③民事再生手続
きではなく，②特定調停手続きを活用しつつ，対象債務の減免が受けられる制
度である。

◯ かかる時間と必要な費用

　まず，それぞれの手続きにかかる時間について，目安として，個人版民事再生が1年程度，自己破産は半年程度，任意整理と特定調停はそれ以下といえる。もっとも実際は，債権者（借入先）の数，総債務額，相談者の資産，収入状況によって異なってくるので，あくまで目安である。

　次に，必要な費用の目安として，個人版民事再生，自己破産は20万〜60万円程度，任意整理は1社につき2万〜2万5,000円程度，特定調停はそれ以下といえるが，あくまで目安である。

　任意整理，特定調停は，上記のとおり，比較的，手続きに要する時間が短期間で費用も抑えることができるといえるが，貸金業者と合意が成立しない限り，債務は整理されない。

　個人版民事再生は，定期的な収入が見込め，3年での返済が可能な場合にしか利用できない。自己破産は，最低限の生活資材を除き，住宅，自動車等の財産を失うことになる。また，破産した場合，官報に住所と名前が掲載される。なお，自己破産は，手続を地方裁判所で行うため，司法書士は相談者の代理人になれないという制約がある。

　以上に対し，コロナ版ローン減免制度は，住宅を含め，一定の財産を残しつつ，ローンの減免を受けることができるうえ，制度を利用してもブラックリスト（信用情報）に登録されない，当該手続きを支援する専門家の費用がかからない，保証債務の履行が求められないなどのメリットが多いが，前記のとおり，対象者，対象債務が限定され，また，最も借入残高が多い債権者から制度利用の同意（着手同意）が必要になる等，一定の制約もある。

　以上，それぞれの方法にメリット，デメリットがあるので，専門家とよく相談してどの方法によるか決定することが必要となる。

◯ 専門機関への紹介，つなぎ方，留意点

　専門機関へ紹介してつなぐ際の留意点として，まず，すでに弁護士または司

法書士につながって相談をしているかを確認することが必要である。

　すでに専門家につながり相談がなされていることがわかった場合，「そうですか。じゃあ，大丈夫ですね」と，終わりにしないことが重要である。必ず専門家への相談がうまくいっているのか，債務整理が進んでいるのか，専門家にうまく話ができない，よく話を聞いてもらえない，要望がきちんと伝わらない，などの悩みがないか，相談者に確認する。その上で，専門家の適切な支援があれば借金問題は解決が可能であることを相談者と再確認しながら，相談者と専門家が信頼関係を築けるよう，サポート，連絡，調整を行うことが重要といえる。

専門家に相談がなされていない場合

　他方，まだ専門家に相談がなされていない場合，相談者を専門家へ紹介し，引き継ぐに際し，あらかじめ，相談者から，個人情報の取り扱いに関する同意書，もしくは「専門家にスムーズに紹介，連携して問題を解決するために，あなたの状況を簡単に，私から専門家に伝えますが，よろしいですか」等，確認して，了解をとっておくことが重要である。ここでは，生活支援アセスメントシート「様式10　ご紹介シート」（214頁）が活用できる。

　そのうえで，相談内容を踏まえ，つながりのある地元の弁護士，司法書士，もしくは弁護士会，司法書士，法テラス等に，相談員自らが，できれば相談者の前で電話を入れ，相談者の状況を簡単に説明し，面談の予約を取る。単に「弁護士会で相談できるので，行ってください」と伝えたり，「法テラスに電話してください」とパンフレット等を渡しただけでは，一歩を踏み出せない相談者もいる。確実に相談者と法律専門家の面談を実現するためには，相談を受けた者が面談の予約を取ることが重要といえる。

専門家と面談の予約を取った後に重要なこと

　専門家と面談の予約を取ったら，相談者に，相談対応の日時，相談機関名，

連絡先の電話番号（わかれば，相談担当者，弁護士，司法書士の氏名），相談場所，アクセス方法等を確実に伝え，かつ，可能な限り，前記の情報を記したメモを渡すことが重要である。あれば，当該相談機関等のリーフレットを渡すとよいだろう。

そして，**資料5-1**「面談当日，持参するものリスト」を渡すことが重要である。

この時，たとえリストのすべてがそろっていなくても，専門家との面談は可能であることを伝えることも必要である。

また，可能な限り相談者に同行し，確実に面談が行われるようにし，必要な場合は，弁護士，司法書士との相談に同席するように対応することが大切である。

▢ 専門家と面談の後にも確認，連携が必要

相談者を専門家につなぎ，相談者が専門家との面談，相談にこぎつければそれで相談員の仕事は終わり，というわけではない。ここで，債務整理は専門家への１回の相談で終わるわけではない（前記のとおり，手続きの目安として，通常早くても数か月はかかる）ことを頭に入れ，債務整理の状況を確認することが重要となる。

具体的には，相談者に，手続きがうまく進んでいるか，専門家に上手く話が

資料5-1　面談当日，持参するものリスト

① 相談引継ぎカード
② 消費者金融のカード
③ 契約書
④ 利用明細書
⑤ 督促状
⑥ 印鑑
⑦ その他，関係すると思われるものすべて（ヤミ金のチラシ等）

できない等の悩みはないか確認し，何か問題が見つかれば早急に弁護士等に伝え，債務整理の手続きが効果的に進むように，サポート，連絡，調整することが非常に重要といえる。

　これは弁護士等，専門家にとっても非常にありがたいことである。一般的に，法律の専門家がみな自殺問題に詳しいとはいえず，相談者の生活歴，職歴等まで十分な聞き取りが及ばない場合もある。また法律の専門家も，相談者と連絡が取りにくい，話しにくい，話が正確に伝わっているか懸念が残るなど，不安を感じる場合もある。まさに社会福祉士の手腕が期待できるところであり，社会福祉士と弁護士，司法書士との連携による力が発揮されるところといえる。

　さらに，社会福祉士と弁護士，司法書士との連携は，後述する相談者の生活再建に向けた支援においても大変重要といえる。「債務整理」手続きを行い，利息制限法への引き直し後に債務が残った場合，概ね３〜５年という期間に，その返済を行っていかなければならないことになる。その間に，再度，借金問題に陥ることがないよう，相談者の生活の立て直しについての支援が必要となってくるのである。

◻ 専門家との連携に際しての留意点

　相談者のなかには，専門家への相談が必要と理解できても，専門家に相談するには費用がかかると思い込み，「弁護士に払うお金などない」と躊躇する場合もある。

　このような相談者の費用の心配に対しては，「お金がすぐに用意できなくても，専門家に相談できる方法がある」ことを，しっかり伝えることが重要となる。具体的には，法テラスの無料法律相談を受け，費用も含めて相談していこうと相談者に伝える。そして法テラスでは，無料の法律相談のほか，民事法律扶助という弁護士費用等の立替制度があり，相談者は，月々無理のない範囲で法テラスに返済していくことができることを理解してもらう。

　また，弁護士，司法書士によっては，費用の分割払い等に応じるなど対応が

可能な場合もある。日ごろから「顔の見えるつながり」があれば，費用の相談もしやすいといえる。

さらに，法テラスと契約している弁護士，司法書士と社会福祉士がつながっていれば，その弁護士等に直接連絡し，面談の予約を取ることができる。そうすると法テラスの相談場所，相談時間以外でも，その弁護士の事務所等において，法テラスの無料法律相談や，費用の立て替えを活用しての相談が可能となる。通常，法テラスの相談は20～30分と相談時間の制約があり，また，地域によっては，法テラスの相談は日時，曜日が決まっていることも多い。さらに相談の予約がなかなか取れず，相談日は数週間先となる，などの事情がある場合もあるが，上記弁護士等に直接連絡がとれれば，面談の予約や相談時間について，早期かつ柔軟に対応が可能となる。

このように，日ごろから「顔の見えるつながり」を築くことは，相談者と法律専門家の早期かつ確実な面談の実現のために，非常に重要といえる。

◯ 相談者の不安と家族の不安

相談者のなかには，借金のことは家族に内緒にしていて，家族に知られることを恐れ，専門家に相談することに不安を感じている人もいる。

そこで，「相談員も弁護士等専門家も，守秘義務があるので，あなたが望まない限り，配偶者や家族にも相談していることを知られることはありません」と，しっかりと伝え，安心して法律専門家との面談に向かってもらうことが必要である。

もっとも借金問題は，家族とともに解決した方がよい場合もある。たとえば家族が連帯保証人になっている場合，あるいは「債務整理」のうち，自己破産を行う場合などである。この点は，専門家につなぎ，専門家と「債務整理」の方法を選択，実行していくなかで，専門家から説明してもらうことが効果的である。そこでまずは安心して法律専門家と面談に向かえるよう，相談者の不安を取り除くことが重要となる。

　他方，相談者の家族が「どうも，私に内緒で借金をしているようだ」と感じ，不安を抱えて，相談者に知らせずにたずねてくる場合もある。この場合，たとえ家族でも相談者の了解なしに相談内容を話さないことが重要である。また，家族が相談に付き添ってきた場合，相談の間家族には別の部屋で待ってもらう等の対応が必要といえる。

　ここで保証人と連帯保証人の違いについて説明しておく。保証人は借金をしている本人（債務者）が「支払不能」と判断された場合に，一切の責任を負うのに対して，連帯保証人は，借金をしている本人（債務者）と全く同じ立場であり，本人（債務者）より先に請求される可能性もある等，より責任が重い。

◯ 多重債務問題：社会福祉士と司法，さらに医療の連携が必要となる場合

　前章で述べたように，相談者が深刻な多重債務問題により，抑うつ状態にあったり，うつ病，統合失調症を発症していると疑われる場合，また，アルコール依存，薬物依存，ギャンブル依存状態等にある場合，弁護士らによる債務整理に加え，医療機関の受診等も必要となる場合がある。

　特に，多重債務の原因として，「有害なことが起こっているにもかかわらずやめられず」，「自分でコントロールすることに失敗している」等，依存症（ギャンブル，買い物）にある場合，これも病気が疑われること，医療機関と連携して治療が必要な場合があることをしっかり理解しなければならない。

　たとえば，過払い金が発生した場合，これを費消することにより依存症の病気を悪化させる等のおそれもあることから，弁護士等法律家も医療機関の受診等の情報を得て，債務整理の方法，時期を検討することが重要となる。ここでも，司法分野と医療分野をつなぐコーディネーターとして，社会福祉士がキーパーソンとなるといえる。

⑥ 相談者の生活再建にむけて

◻ 現在の借金問題を解決すれば終わりではない

　相談者のなかには，現在の借金の問題が解決しても，自ら生活再建を進められない人もいる。たとえば，前記のように心の問題があれば，医療機関における診療にはある程度の時間が必要となり，また，現在仕事をしておらず収入がないため当面の生活費が足りない場合や，収入があっても，相談者の月々の支出が収入に見合っていないことから，再度，生活費やローンの返済金の不足を借金で補うという悪循環に陥ることが懸念される場合などである。

　そこで，多重債務問題の抜本的な解決にむけて，この機会に生活を再建することが重要となる。

　まず，失業や減収などによって現在の生活が困窮している場合，生活再建にむけて，以下のようなセーフティネット貸付や就労支援，そして，生活保護の制度もある。生活保護の申請には弁護士等，法律専門家による同行支援もある。

　また，月々の収入の範囲内で安定した生活を維持し，債務整理手続きによって合意した返済計画がある場合は確実な返済をして債務をなくすためには，「家計管理」が重要となり，その支援が必要となる場合もある。

　以上，生活再建の点からも，債務整理の手続き中，さらにその後も，社会福祉士と法律専門家との連携，さらに，場合によっては医療機関，行政の担当者との連携も重要となる。

◻ 生活再建のために活用できる制度を知っておこう

　上記のとおり，相談者の生活再建にむけて，行政サービスをはじめ　様々な制度を活用していくため，以下，制度の概要を覚えておくことが有益となる。

①　生活困窮者自立支援制度

2015（平成27）年4月から，生活困窮者自立支援制度が施行され，働きたくても働けない，住む所がない，など，生活全般にわたる困りごとの相談窓口が全国に設置された。相談窓口では，専門の支援員が，一人ひとりの状況に合わせた支援プランを作成し，相談者に寄り添いながら，解決に向けた支援を行う。[1]

相談の窓口は，市区町村の相談窓口となる（サポートセンター等，地域により名称が異なる）。[2]

支援の種類は以下の5つがある。

- 自立相談支援：一人ひとりの状況に合わせた支援プランを作成
- 一時生活支援：住居をもたない人に，一定期間，宿泊場所や衣食を提供
- 住居確保給付金の支給：離職，休職等により，住居を失うおそれがある人に，一定期間（原則3か月），自治体が直接，大家に家賃を支払う[3]
- 就労準備支援，就労支援：職業相談や紹介，すぐには一般就労が困難な人への相談，支援
- 家計改善支援：家計の「見える化」と問題を把握し，家計の立て直しを図る

②　生活福祉資金貸付制度

低所得者，高齢者，障害者など，生活上のさまざまな課題を抱えた人が安定した生活を送れるよう，必要な資金の貸付けを行う制度である。上記生活困窮者自立支援制度が施行されたことにより，ハローワークとの一体的な就労支援と必要な資金の貸付けなど，より効果的で継続的な支援が行われるようになっている。[4]

手続き，相談の窓口は，居住地の市区町村社会福祉協議会となる。

対象者は，必要な資金を他から借りることが困難な「低所得者世帯」（市町村民税非課税程度・世帯収入の基準及び範囲は都道府県によって異なる），障害者手帳などの交付を受けた人が属する「障害者世帯」，65歳以上の高齢者が属する「高齢者世帯」となる。

貸付資金の種類は，以下の4つとなる。

- 総合支援資金（生活支援費，住宅入居費，一時生活再建費）
- 福祉資金　（福祉費，緊急小口資金）
- 教育支援資金　（教育支援費，就学支援費）
- 不動産担保型生活資金（不動産担保型生活資金，要保護世帯向け不動産担保型生活資金）

上記総合支援資金のうち生活支援費は，生活を再建するまでの間に必要な生活費として，原則3か月間（最大12か月間まで延長可能），月20万円までの（単身世帯の場合は月15万円以内）貸付けを行うものであり，「住宅入居費」は，敷金，礼金など住宅の賃貸契約を結ぶために必要な資金として，40万円までの貸付けを行う。また，「一時生活再建費」は，就職活動や技能習得，家賃や公共料金などの滞納の一時立替え，債務整理に必要な費用などについて，60万円までの貸付けを行う。

また，新型コロナウイルス感染症を踏まえた特例貸付があり，最大で80万円（緊急小口資金20万円，総合支援資金60万円）の貸付けが可能である。

- 緊急小口貸付（上記福祉資金の中の一つ）：緊急かつ一時的な生計維持が困難となった場合に，10万円以内（特例が認められれば20万円以内）の貸付（無利子，保証人は不要）が，申し込みから1週間程度で支給される。
- 総合支援資金：一時的な貸付けだけでは対応できない場合，緊急小口資金と併用して，2人以上の世帯は月額20万円以内，単身は月額15万円以内（無利子，保証人は不要）の貸付けが，原則3か月以内，申し込みから最短20日程度で支給される。

③　母子父子寡婦福祉資金貸付

ひとり家庭の父母等が，就労や児童の就学などで資金が必要となったときに，都道府県，指定都市又は中核市から貸付けを受けられる資金。[5]

④　その他，地方公共団体独自の貸付制度など

地方公共団体と労働金庫が連携した自治体提携融資制度，生活協同組合の取

り組み，信用金庫・信用組合の取組みもある。

⑤　生活保護

　収入や資産がなく，前記の制度など他の制度を活用しても生活を維持できない場合，一定の基準（審査）を満たした者は，生活保護による扶助を受けることができる。具体的には，生活扶助（日々の生活に必要な費用，食費，被服費，光熱水費など），住宅扶助（アパートの家賃など），医療扶助（医療費代），介護扶助（介護サービスの費用），教育扶助（義務教育を受けるために必要な学用品代や給食費など）の給付を受けることが権利として認められている。相談窓口は，福祉事務所の生活保護担当である。

注

(1)　くわしくは厚生労働省のホームページ（https://www.mhlw.go.jp/stf/seisaku
　　　nitsuite/bunya/0000073432.htm）参照。

(2)　全国の相談窓口一覧は厚生労働省ホームページ（https://www.mhlw.go.jp/
　　　content/000614516.pdf）参照。

(3)　新型コロナウイルス感染症を踏まえ，2020（令和2）年4月30日からさらに使
　　　いやすく，ハローワークへの求職申込という条件が不要になった。

(4)　全国社会福祉協議会「生活福祉資金貸付制度について」（https://www.shakyo.
　　　or.jp/index.htm）。

(5)　全国母子寡婦福祉団体協議会（全母子協ホームページ）（http://zenbo.org/
　　　index.html）参照。

引用・参考文献

金融庁・消費者庁（2011）「多重債務者相談の手引き～「頼りになる」相談窓口を目
　　指して～」（http://www.fsa.go.jp/policy/kashikin/20110831-1/01.pdf）．

長崎県自殺対策専門委員会（2016）「長崎県自殺総合対策　相談対応のための手引
　　き集（第1巻）借金・経済問題への対応（三訂）」（https://www.pref.nagasaki.jp/
　　shared/uploads/2016/07/1468212473.pdf）．

日本弁護士連合会「コロナ版ローン減免制度」（チラシ）（https://www.nichibenren.

or.jp/library/pdf/news/2020/topic2_7.pdf）.

日本社会福祉士会（2016）「生活支援アセスメントシート」（2016年度版）（https://www.jacsw.or.jp/15_TopLinks/seikatsu_konkyu/index.html）.

全国クレサラ・生活再建問題対策協議会（略称：クレサラ対協）ホームページ　相談窓口一覧（http://www.cresara.net/con_06.htm）.

全国社会福祉協議会（略称「全社協」）のホームページ（https://www.shakyo.or.jp/index.htm）.

第6章

遺族・支援者への支援

・・・

1 自死遺族への支援

　本節では，自殺リスクのある人への支援と並んで重要な自死遺族支援について検討する。

　まず，自殺リスクのある人への支援と同様に，相談支援の専門職として身につけている価値観や技術をもって対応することが基本である。ただ，社会福祉士が対応する際に，遺族の方がどのような支援や姿勢を求めているのか，遺族の方がおかれている状況を十分に配慮しながら支援しなければ，本文中でも触れる支援自体が二次的な傷つき体験を誘発させることもありうる。また，自死遺族の心身状況の変化も見極めて専門機関につなげていかないと，場合によっては問題を悪化させてしまうことにもなりかねない。

　そこで，社会福祉士としてあらかじめ押さえておくべき基本的な相談姿勢，遺族への支援で配慮すべき遺族の心理，対応の留意点，提供すべき情報，亡くなった後に行う諸手続き，活用できる諸制度などについて考える。

◯ 遺族をとりまく問題

　社会福祉士として遺族からの相談を受ける際には，主に①生活の混乱，②心身の不調，③対人関係に関する問題に直面していることを，念頭におきながら対応することが必要である。また，これらの問題はそれぞれ独立して存在しているわけではなく，問題が絡まり合いながら，状況によっては問題が複雑化，潜在化，長期化したまま，遺族を悩ませていることが多いといわれている。

　こうした錯綜した問題を整理して，社会福祉士としてソーシャルワークの技法を駆使して，遺族にとって安心につながる有益な情報提供や制度利用を勧めることが，基本である。

　では，多くの問題が絡み合う遺族がおかれた状況を具体的に考えてみる。遺

族支援で留意すべき遺族がおかれた状況は大まかに次のように整理できるだろう。

- 心身の不調のために他者と交流できずに，対人関係に支障をきたす。
- 自死に対する社会的な偏見を恐れて使えるべき適切な制度利用をしない。
- 自死による不動産瑕疵について，業者から不当な高額請求に応じてしまう。
- 遺族は突然の死に直面し，ただでさえショックで疲労している中，業者と冷静に交渉することができずに，結果的に不動産業者等の言いなりになってしまうこともある。
- 家族が互いに思いやるあまり，感情を吐露することができず気持ちを抱え込んでしまう。
- たとえば，働き盛りの父が自死し，残された母親が子どもに不安を与えないように悲嘆にくれている姿を見せないようにするあまり，精神的な負担が増してしまう。

これらの状況を考慮すると，社会福祉士としては単に適切な社会資源につながればそれでよいということではなく，自死遺族がおかれた社会的な孤立を十分に配慮しながら支援にあたる必要がある。こうした配慮を欠いたまま支援にあたると，場合によっては二次的な傷つき体験を招いてしまうことになりかねない。

また，自殺予防にかかわる支援と今回の自死遺族支援を一体で考えることが妥当なのかという視点もあるかもしれない。しかし，社会福祉士が活動する相談支援の実践現場では，両者は連続していることが多い。たとえば，自殺リスクのあるクライエントが結果として自死し，引き続き遺族とのかかわりが生じることもありうる。

そこで，次にこれらの問題が顕在化することが多い具体的場面を想定しながら，自死遺族への支援にあたる際に理解しておく必要のある，遺族の心理，提供すべき情報をさらに詳しく考えていく。

☐ 遺された家族の状況・心理の理解

① 生活上の混乱

遺された家族は社会生活を送っていく上で，自死にともなう様々な行政手続きや私的契約の解約等の手続きをとる必要がある。主な死後に行うべき手続きには下記がある。

- 死亡届等の手続き（死別直後に行う必要がある）
- 葬儀費用の支払い
- 個人が使用していた各種の免許，会員資格，銀行口座や財産についての手続き
- クレジットカードやインターネットの解約

しかも，これらの手続きひとつひとつを円滑に行えれば良いが，実際多くの自死は突然起こることが多く，手続きの方法等の情報が事前に入手できていないことが多い。多くの遺族は大切な人の突然の死に直面することで生じるストレスに加えて，こうした実務的な手続き作業も新たな負担になってしまう。こうしたことに時間がとられ，結果的に十分な休養，喪の作業に取り組むための時間が奪われることになり，精神的身体的な回復の過程，悲嘆過程を妨げる可能性すら生じてしまう。

悲嘆過程は，一般に死別や大きな喪失のあとに経験するもので，死別に伴う自然な反応で死という事実を徐々に遺族が現実のものとして受け入れて，故人と新たな関係を構築することができるまでになっていく心理上の変化をさす。

また，自死に対する社会的な偏見が残っているために，周囲に自死を隠しながら，実際には誰にも相談することもできずに，現実的な手続きに追われるストレスにもさいなまれるという悪循環に陥ってしまうこともある。

そこで，こうした状況にある自死遺族と向き合う社会福祉士がとりうる対応としては，諸手続きの窓口や連絡先が一覧で掲載されたパンフレットを手渡すことである。これは，自死遺族にとっては後で必要な時に見直せるという利点がある。

②　心身の反応・不調

　自殺による死別後の遺族は，死別に伴う自然な反応として，悲嘆過程を体験することがある。しかし，それらの反応が長期化・重篤化した場合（たとえば，1年以上状態が改善しない）は，複雑性悲嘆と呼ばれ，うつ病，PTSDなどを合併し専門的な支援が必要な場合がある。

　これらの状況は，個人差があることにも留意が必要である。たとえば，「勝手に死ぬなんて卑怯だ」という怒りの感情を直接的に表出できる人もいれば，逆にショックがあまりにも大きすぎて自分がどうしたらいいかわからずに感情に乏しく無反応になってしまうこともある。現実感に乏しく，自分のことではないような離人感ともいえる。また，何度も自殺未遂を繰り返した末に亡くなった場合は，むしろ「ほっとしている」と話される遺族の人もいる。さらには，「あの時自分が気づいていれば，（故人を）助けてあげられたかもしれない」，「自分のせいで自殺したんだ」といった自責の念・罪悪感といった感情を強く出す人もいる。

　これらの反応は，時間の経過とともに変化していくことがある事実も見過ごさないようにする必要がある。

　社会福祉士は，遺族と向き合う際には，遺族がこうした様々な心の反応に苛まれていることを念頭におき，なおかつ，「遺族の方の感情はこういうものだ」という一般化をせずに，目の前の遺族の方ご本人の様子をよく見極めていくことが求められる。

　心身の不調とともに，身体の反応にも変化が生じる場合がある。たとえば，「不安，緊張」「睡眠の変化」「胃腸の不調」「食欲の変化」「生活能力の低下」「体力の低下」といった状況が考えられる。

◯　対人関係の問題

　遺族は，周囲の偏見や恥を感じ，死因が自殺であることを話せない場合がある。こうした状況に陥ると，援助を受けたいという希望を妨げる結果になって

しまう。

　援助希求が妨げられる背景は様々である。たとえば，前述したように自責の念から，「自分なんて助けを受けるべきではない」と考えてしまうケース。また，誰かに話しても「自分の本当に気持ちを汲みとってもらえなかった」と感じ，支援を受けること自体に期待しないケースなどである。

　こうした状況にある遺族に対して，専門機関につなげていくだけでは問題が解決しないことに細心の注意を払う必要がある。対応の方法を誤ると，二次的な傷つき体験を誘発する恐れがある。

　たとえば，相談を受ける社会福祉士が安易な励まし（「あなたのお気持ちは私もよくわかります」）をすることで，かえって「相談を打ち切りたい気持ちの表れではないか」などと，遺族の心情を傷つけてしまうこともある。こうした場合は，まずしっかりと遺族の話を聴き取る，受容の姿勢に徹するなどの対応が求められる。

◻ 遺族のおかれた状況とは何か

　まず，遺族は，社会の偏見や周囲の誤解などによって「周囲の理解が得られにくい」，「人に話せず，悲しみを分かち合えない」，「必要な情報が届かない」，「家庭内に問題が生じる」といった特有の状況に陥りやすいことを理解すべきである。

　そのため，自分の愛する人を自殺で失ったと認めることを困難と感じ，そのため自殺で亡くなったことを周囲の人に話せずに一人で苦しみ，地域・社会から孤立してしまっている遺族が多い。

　こうした状況から引き起こされる具体的な問題として，「健康不安」「日常生活上の困難」「残された借金」「過労死等での裁判」「子どもの養育」「親族間の問題」といった，保健医療，心理，福祉，経済，法律等にかかわる多様な問題を複合的に抱えたりすることがあげられる。

　心理的差別の一例としては，自死遺族というスティグマ（烙印）を受けてし

まう，社会的な差別としては，自殺によって生じた不動産の瑕疵に関する法的責任を，遺族が負ってしまうことである。これらの問題に対しては，前述したように遺族であるがゆえに陥る，社会的孤立の構造によって適切な支援につながりにくいのである。

　では，遺族が抱える可能性の高いこれらの問題を踏まえて，社会福祉士として遺族に対応する際に押さえておくべき姿勢や視点，提供すべき情報，提供方法，全体的に留意すべき点を考える。

◯ 遺族のおかれた状況を踏まえた対応の基本姿勢

　まず，遺族が求めるニーズとは何かを念頭におくべきである。遺族それぞれがおかれた個別の状況により問題のあらわれ方が異なり，問題が複合化することが多々ある。具体的には，自殺の背景，故人が亡くなってどのくらいの時間が経過したのか，遺族自身や家族が抱える問題が絡まり合い，重層化，複合化，複雑化するといったことである。

　こうした状況におかれた遺族に対しては，支援者のペースで先回りの支援を押し付けることはあってはならない。特に初期段階では，遺族が主体的に自分のペースで自分の体験と向き合うことができる環境を提供することが基本となる。前述したような悲嘆体験を経ることが，むしろ自然な反応であるという安心を与えることが先決といっていい。

　ただ，こうしたプロセスを経ても，明らかに遺族の心身状況の悪化が長期（1年程度）にわたって見られる場合は，医療などの他の専門職につなぐことも検討する。

　そして，繰り返しになるが，支援が二次的な傷つき体験にならないように十分な配慮が必要になる。

◯ 遺族のおかれた状況を踏まえた対応時の留意点

　社会福祉士として遺族に対応する姿勢について，「自死で遺された人を支え

るために～相談担当者のための指針～」（大塚ほか 2016, 9-10）に掲載されている事項が参考になる。

①　対応時の留意点

- 静かでプライバシーが守られ，感情表出ができるよう配慮された場で対応する。
- 受容と共感をもった傾聴（話しをよく聴き，相手の気持ちをしっかり受け止める）と穏やかな対応をする。また相談対応に必要な十分な時間をとる。
- 判断を交えない態度（遺族の考えに解釈や判断をせずに「私が何をすればあなたの役に立つのでしょうか？」と問いかける姿勢）に徹する。
- 遺族自らが望む支援を行う（遺族の主体性を尊重する）。
- 遺族にただ寄り添う（まず共にいる）。
- 混乱している遺族の問題を整理しながら，ニーズを明確にする。
- メンタルヘルスの問題だけに注目しがちであるが，生活や仕事などの経済面，進学などの教育面，過労死や損害賠償などの法律面，偏見，信仰など，具体的な問題に気を付けて話しを聞く。
- 「こまったことがあったらいつでも相談してください」という支援の表明と約束をする。

②　適切ではない対応

- 「どうしてくい止められなかったの」という原因追及。
- 安易な慰めや励まし。
- 遺族であることを探ろうとしたり，詳細を無理に聞き出そうとすること。
- 一方的な考えや意見の押し付け。
- 遺族が皆，精神的ケアが必要であると決めつける。
- 無理に皆，感情を吐き出させようとする働きかけ。
- 遺族は皆同じだという言動や対応。

◯「自死遺族」という言葉をどのようにとらえるか

　一般的に遺族とは民法上の親族を指すことになる。しかし，実態は誰かが亡くなった際に問題を抱えるのは親族だけではない。

　たとえば，同性同士のパートナーの片方が自死した場合，現在の日本の法律では，同性同士の婚姻関係は認められていないため遺されたパートナーは法律上，他人である。そのため，社会的な偏見も加味されて他の親族から葬式に呼ばれない，法的に遺産分割協議にも加われないなどの問題を抱えることも多い。こうした事実上，遺族として認めてもらえない苦しみを抱える方々が存在する。

　自死という用語について，自死遺族を支援する関係者の間では，「自死遺族」と同義である「自殺者親族」という用語が使用されることはほとんどない。

　用いられない理由としては，「殺」という言葉には，どうしても反社会的行為であるとのニュアンスを伴うため，自殺は，本人のせいだけではなく“追い込まれた末の死である”という立場から「自死」という言葉が多く用いられるようになっている。

　その一方で，「自殺」か「自死」，どちらの表現を用いるかは，自殺は瞬間（点）で起きることではなく，様々な要因が重なるプロセスで起きており，その行為を表す時には「自殺」という表現を用いらざるをえないという意見もある。

　こうしたことをあらかじめ理解したうえで，相談者がおかれた関係性や状況や背景を十分に見極めて，ていねいな使い分けという手法で対応していくことが求められる。

◯ 遺族に提供されるべき情報をどのように届けるか

　個々の遺族がおかれている状況や遺族に対応する際に配慮すべき姿勢を整えながら，相談支援の実践現場にいる社会福祉士として，まず何をすべきかを考える。

　たとえば，親しい人の自死に直面して間もない遺族は，自然な反応として悲嘆過程を体験する。しかし，様々な社会的な偏見等にさらされて混乱した心理

状態に陥り，他人に自分の悲しい気持ちを打ち明けることができないことが多い。前述したように自分のせいで自殺に追いやったのではという自責の念にかられることも多い中にあっては，悲しみ受け入れるまでには時間を要することもある。

　こうした遺族がおかれている状況に加えて，社会生活を営んでいくためには，遺族として手続きしなければならない諸制度関係のこと，場合によっては現実的な法律問題に向き合うことになる。

　これらの諸手続きは内容が複雑なこと，素人判断ではままならない内容が多々あり，また，どこで何をどのようにしたらよいかといった基本的な情報入手もできない，手続き自体を躊躇するなど，親しい人の自死という事実を受け止めるだけで疲弊しているなか，遺族の心身状況をさらに追い詰めることにつながりかねない。

　こうした生活上必要となる提供すべき具体的な情報を，遺族のおかれた状況に配慮しながら，適切な時期と方法と環境の中で届ける配慮が必要である。

　情報のカテゴリーを大まかに次のように区分けした。遺族自身がすぐに行うべき内容から法律家などの第三者の対応窓口の紹介，自助グループに関する情報など，遺族がおかれた状況をきめ細かく見極めた上での対応が求められる。

☐ 遺族が行うこととなる諸手続きに関する情報

　まず，遺族が悲しみに浸る間もなく行わなければならない手続きがあり，遅滞なく行わなければならないものも多い（**表6-1**）。たとえば，死亡届や埋葬手続き，各種の名義変更等はすぐに行うべきものである。こうした種々の手続きに関する情報は，チェックリストなどの体裁で手渡して提供すると手続きの進捗状況が可視化されて，有益である。

☐ 提供すべき生活支援に関する情報

　葬儀や名義変更等の諸手続き，故人が残した借金の処理，一家の「大黒柱」

表6-1　遺族が行うこととなる諸手続きに関する情報

手続きの種別等	具体的な手続き内容
市町村役場	死亡届 死体火葬許可申請 世帯主変更届け等
健康保険年金関係	年金受給停止 国民健康保険資格喪失届 介護保険資格喪失届 国民健康保険加入者の葬祭料の請求 高額医療費払い戻し 遺族年金　等
税金関係	所得税の準確定申告 相続税の申告等
保険関係	生命保険 入院保険金 簡易保険 火災保険 自動車保険等

出所：大塚俊弘ほか（2016）「自死で遺された人を支える
　　　ために～相談担当者のための指針～（第2版）」10,
　　　一部改変.

を失った後の生活の立て直しなどで，生計を立てるための資金を確保するための各種貸付など様々な生活支援に関する情報提供も重要である（**表6-2**）。

遺族の心理や反応に関する情報

　自死遺族には様々な心や身体の変化が起こるが，それらは必ずしも自死遺族に特有のものではない。ただし，自殺では経緯や社会的な認識・偏見を背景に，反応が強められることがある。特に，自責の念とそれによる対人関係の困難は，他の死因とは異なることが指摘されている。

　これらが「特別な事態（それまでの生活では経験していない衝撃）に対して，よ

表6-2 提供すべき生活支援に関する情報

手続きの種別等	具体的な手続き窓口等
借金経済問題	福祉事務所（生活保護申請） 社会福祉協議会 自治体ごとに異なる支援窓口もある
子どもへの支援	日本学生支援機構 あしなが育英会　その他の民間育英団体 教育委員会（就学援助・奨学金制度など） 児童相談所（子育てについて） 弁護士会（子どもの電話相談窓口）
法的な問題①	弁護士会 司法書士会 日本司法支援センター［法テラス］ 都道府県の消費生活センター（多重債務，消費者トラブルなど） 市町村の法律相談窓口 司法書士（不動産登記の名義人変更や住宅ローンの抹消，商業登記の役員変更や会社解散などの登記手続き）
法的な問題②	「自死遺族支援弁護団」「過労死110番ネットワーク」など自殺に関連した法的取り組みを行うグループもある。

出所：表6-1と同じ，11.

く起こりうる自然な反応」で，病気ではないこと，多くは自然に回復することを，支援者は理解しておく必要がある。また，そのように伝えることで，実際にこれらの反応に困惑している遺族自身や周囲の人々には，理解を助け，安心につながる場合がある。

　ただし，その方の状態や時期をよく考慮して伝える必要がある。たとえば，自殺が起きた直後であれば，情報が記載されたパンフレット等を渡すにとどめ，一定の面接時間があるときにていねいに情報提供するなどの配慮が求められる。

◯ 遺族の自助グループに関する情報

　遺族が悲しみに暮れている状況から回復していく過程で，同じ悩みや問題を

抱える者同士の交流の場などが必要となることもあるため，遺族当事者同士の分かち合いの自助グループ，会や関係支援機関の情報は重要である。

　ただし，そうしたグループ等への参加や交流の必要度は，個々の遺族がおかれた状況や時期によっても異なる。また，遺族がそうしたグループに対して期待している内容も個々の遺族によって異なる。

　したがって，遺族の方のニーズの傾向や地域に存在する個々のグループや支援関係機関等の状況把握は欠かせない。たとえば，他の自死遺族の方の話を聞きたい遺族もいれば，専門家や行政関係者が支援者として入っているグループに参加したい方などがいる。また，地方などで周囲との人間関係の濃密さゆえ他者に自死遺族であることを知られたくないという理由から，隣の都道府県のグループ等に参加したいというニーズもある。

　こうしたグループは各都道府県に最低1つ以上は存在しているが，活動内容の特色等が異なり，ニーズに則した適切な情報提供のためにも，自治体等から事前に情報収集を行うことが必要である。

☐ メンタルヘルスに関する情報

　自殺直後の遺族の心因反応は自然に回復するものが多い。しかし一方で，長期にわたって強いストレスに晒されていることで，うつ病などのメンタルヘルス不調となるリスクがあるため，不眠や体調不良，気分の落ち込みなどが長期に持続する場合や日常生活に支障をきたす場合には，保健所への相談や医療機関への受診が必要となることを伝えておくことは重要である。

　ただし，その必要性は，個々によって，また時期によって異なる上に，精神科医療や精神保健相談へのアクセスそのものに抵抗を示す人もいることを理解しておく必要がある。遺族の状況によっては，さりげなくメンタルヘルスに関するリーフレットやちらし等を提供しておくだけに留めることが効果的な場合もある。

　たとえば，一般社団法人日本臨床心理士会が運営している「自死遺族ライ

ン」などの，専門機関による電話相談の方が受け入れやすいこともある。

さらに，その人の背景や環境が影響して，耐えられぬほど辛く，破壊的で外傷的な行動をとる場合もある。したがって，遺族が，うつ病，不安障害，PTSD，アルコール依存症などのメンタルヘルスの不調を示している可能性もあるため，「後追い自殺」の危険性も考慮しつつ，医療・保健からの視点をもって支援することも重要である。

◯ 遺族支援における社会福祉士の立ち位置

自死遺族がおかれた状況は千差万別である。たとえば，大切な人の自死という受け入れがたい現実を前にして，様々な感情に苛まれ，社会的な偏見にさらされ，適切な支援をどのように求めていいかわからずに孤立してしまった人，子どもや関係者に弱みを見せまいと一見気丈に振舞っているが，深い悲しみを誰にも言えずにいる人など様々である。

それでは，社会福祉士は様々な相談支援の現場で出会う可能性がある自死遺族に対しては何ができるのであろうか。「自殺総合対策大綱」では，「遺された人への支援を充実する」という項目で，2012（平成24）年の改訂時に初めて法的問題を含めた情報提供の重要性が追記されている。

社会福祉士はクライエントのニーズを的確にとらえ，必要な社会資源につないでいくことが求められているが，社会資源とはニーズに対応できる社会資源に関する情報そのものとも言えるだろう。また，社会福祉士はクライエントの生活状況全体を視野に入れた支援プランを立てることも求められている。そうした点から福祉制度や福祉に関する諸制度以外の周辺領域にかかわる社会資源に関する情報も把握している。さらに，周辺領域の関係職種に関する情報を常に把握し，実践の中でそれらの情報を有する関係者と支援のためのネットワークを構築することが多い。

このような社会福祉士が実践する相談支援の特質を踏まえ，自死遺族への支援の現場においても「適切な情報提供」を軸にした支援につなげていくことが

できるのではないだろうか。

　具体的な情報提供によって，目前の課題に対処する際の優先順位と精神的な余裕が生まれ，その結果遺族が適切な悲嘆反応に向き合うことも可能になる。

　ただし，本章前段でも確認したように，自死遺族のペースを乱して社会福祉士が先回りし，支援内容の決めつけや押し付けは厳に慎まなければならない。専門職への支援につながったことで，二次的な傷つき体験を誘発しかねない。

　場合によっては，ただ遺族のそばにいて，遺族が発する言葉に黙って耳を傾けるだけでも，支援の入り口として役割を果たしていることもある。

② 組織における対応

☐ クライエントの自殺の経験

東京社会福祉士会の会員を対象に実施した調査によると，調査回答者のうち，73.8％が職業上，クライエントの何かしらの自殺関連行動に直面しており，そのうち36.9％がクライエントの自殺既遂を経験していた（Kodaka et al. 2013）。また，精神障害者を主たる対象とした障害福祉サービスを東京都多摩地域で展開する170の事業所を対象とした調査によると，事業所の利用者10万人あたりの自殺死亡率は，一般人口の自殺死亡率の大よそ4〜13倍であることが推測された（熊谷ほか 2010）。また一般病院では，29％で過去3年間に患者の自殺が起きていたことが報告されている（河西ほか 2007）。さらに学校現場においても，ソーシャルワーカーが児童生徒の自殺に向き合う可能性もある（赤澤・新井 2017）。このように，社会福祉士をはじめとするソーシャルワーカーが臨床活動を展開する現場で，クライエントの自殺が起こることは決してまれなことではないことは明白である。

☐ 組織における事後対応の例

自殺予防に尽力するも，クライエントの自殺が起こることはある。自殺対策としては，自殺を未然に防ぐことだけでなく，起きた後の対応（事後対応；ポストベンション）も重要な要素である。事後対応には，心理学的剖検，遺された人のケア，群発自殺の予防が含まれる（河西・加藤 2012）。ここでは，河西・加藤（2012）による病院での取り組み例と，『精神障害者支援機関等における自殺総合対策ガイドライン』（東京都立多摩総合精神保健福祉センター 2011）で提案されている内容を一部紹介したい（**資料6-1**）（**資料6-2**）。

資料6-1　自殺事故が生じたら──横浜市大附属病院の取り組み例

1．死亡現場の確認
　　現場の封鎖，現状保存と本人確認，家族などへの連絡，警察などへの連絡などの調整
2．発生現場の確認
　　再発防止のための現場封鎖と危険箇所の改修や立ち入り規定について検討
3．スタッフケアの開始（個別対応）
　　現場や関連部署，激しく動揺している職員を同定し，適宜声かけを行ない，ケアに誘
　　導
4．事故の当該部署での緊急ミーティング
　　故人のいた病棟においては診療部長・看護師長がその職責により緊急対応
5．グループ・カウンセリング（心理教育と情報提供）（精神科医が関連職員に対して）
　　今一度故人のために黙祷，精確な情報の確認と共有
　　流言飛語は，故人とご遺族，故人に関わった医療者の尊厳を傷つける，群発自殺の危
　　険を煽る可能性
　　悲嘆反応に関する心理教育
　　事故対応の見込み，ケア提供者の連絡先を伝え，ケアの保障
　　ディブリーフィングは避ける
6．翌日の当該部署でのミーティング
7．スタッフケアの継続
8．後日の事例検討会
9．自殺予防のための学習会開催

出所：河西千秋・加藤大慈（2012）「院内自殺事故の事後対応」『看護管理』22, 408.

☐ 事業所内での対応

　他のクライエントへの対応として，個人情報の取り扱いに十分配慮の上，情報の伝え方に注意する必要がある（東京都立多摩総合精神保健福祉センター　2011）。具体的には，職員間で齟齬が生じないよう，内容を統一して正確な情報を伝える。自殺を美化したり本人を非難しないとともに，動揺を最小限にするように努める。他のクライエントが自然に感情表出できるような配慮とともに，身近な人の自殺を経験した後に起こりうる反応について説明する。感情を分かち合う自由を保障する一方，感情を表すように強制してはいけない。必要であれば個別の相談に乗る。職員自身も残念である気持ちは正直に伝える。特に影響が

資料6-2　自殺が起きた時の対応・事後対応

自殺が起きた時の対応（最初の数日間）

【施設の中で起きた時】
- ●緊急連絡体制を取り組織で対応
  - ・職員：救急処置，連絡
  - ・危機管理責任者：現場の総括指揮
  - ・管理責任者：リーダーシップと職員の役割分担
  - ・利用者への対応：安全確保
- ●家族への連絡

【施設の外で起きた時（自殺で亡くなったと情報が入った時）】
- ●施設の中で起きた時の対応に準ずる
- ●事実の確認，利用者への伝え方の確認
- ●施設運営や事後の対応の検討

事後対応
- ●利用者への対応
- ●職員へのケア
- ●死亡事例検討会（デス・カンファレンス）
- ●遺族支援

出所：東京都立多摩総合精神保健福祉センター（2011）『精神障害者支援機関等における自殺総合対策ガイドライン』，25-33.

大きいと考えられるクライエントには，適宜，関係機関と連携してケアすることが重要である。そしてこれからの対応，たとえば葬儀の参列や施設内でのお別れ会などの実施などについても検討していく。

　スタッフ・ケア（職員ケア）（詳細は後のセクションを参照）については，特に第一発見者や担当だった職員など，自殺で亡くなった本人とかかわりが深かった職員は，大きな影響を受けることが予測される（東京都立多摩総合精神保健福祉センター 2011）。また，最近個人的に身近な死を経験していたり，メンタルヘルスの課題のある職員などにも留意する必要がある。職員のこころのケアについても，危機管理や事故発生時対応のマニュアルなどに盛り込んでおく必要

がある。

　死亡事例検討会（デスカンファレンス）では，「『悲痛な体験から学び，今後のケアや医療に活かしていくためのカンファレンス』であることを明確にし，『誰も責めないという約束』のもとに多くの医療者が抱いている負の感情を発散させ，医療チームとしてふたたび結束を固める場としてカンファレンスを機能させる必要がある」（明智 2015, 619）。「死からしか学べないことは何か・犯人探しにならないよう・出来ればスーパーバイザーを交えて・関係機関を交えて」（東京都立多摩総合精神保健福祉センター 2011, 33）行うような配慮が大切である。

　自殺は自組織において頻回には起こらないかもしれない。しかし起きた時の衝撃は非常に広く深くに及ぶものである。前記の取り組み例などを参考に，自身が所属する事業所等における事後対応策の検討を始めてほしい。

□ クライエントの自殺が支援者に与える影響

　クライエントの自殺関連行動は，支援者に強いストレスを与えることが明らかになっている（折山・渡邉 2008；Ting et al 2011）。クライエントを自殺で亡くした経験から生じる反応として，抑うつ気分や自責感などの感情的・思考的反応だけでなく，動悸や睡眠障害などの身体的反応（熊谷ほか 2010；寺岡 2010），またうつ，不安，外傷後ストレス症状（Aldrich & Cerel 2020）などのメンタルヘルスの問題へと発展する可能性も報告されている。患者の自殺を経験した看護師が，自死遺族と同じような反応を示すことがあることも報告されている（西井ほか 2020）。

　ソーシャルワーカーを対象とした米国の調査から，クライエントの自殺を経験したソーシャルワーカーによる個人的・職業的な反応が報告されている（Ting et al. 2006）。クライエントの自殺は専門職としての失敗や無能さの表れであるかのように，自らの能力を疑問視したり欠落していると感じたりするケースもあるという。また，クライエントの死について語ることができず，孤立

感を抱くこともある。さらに，自殺のリスクがある他のクライエントとのかかわりを回避するようになったり，仕事を辞めてしまったりすることもある。このようにクライエントの自殺は心身ともに大きなストレスとなるだけでなく，専門職としての人生にも多大なる影響を与える可能性があることが分かる。

　自殺が起きた後の対応として，日本においても，自死遺族に求められる支援が明らかにされたり（大倉 2020；高井ほか 2019），自治体事業としての遺族支援（原見ほか 2019）や，遺族のつどい（山口 2015）などが展開されてきた（「自死遺族への支援」は本章第 1 節を参照）。一方，専門職であっても，クライエントの自殺から大きな影響を受ける"サバイバー"となることがある（Ting et al. 2006）。しかし，クライエントの自殺が起きた後の専門職への支援体制は，十分に整っているとはいえない状況にある。また，自殺が起きた後だけでなく，自殺のリスクが高い人への支援にあたり，身近に相談できる機会が少ない現状も課題である（阿部ほか 2015）。

◯ 支援者支援とセルフケア

　社会福祉士などのソーシャルワーカーをはじめとする，クライエントの自殺関連行動に関わる対人援助職への支援体制の整備は早急に取り組むべき課題である。一方，できるところから取り組みを始めることも肝要であろう。まずは，クライエントの自殺はまれなできごとではないこと，そしてそれが自身や同僚に与える影響について知ることが重要である（Ting et al. 2006）。そして，セルフケアを含む支援者支援があることで，クライエントに対する最善の支援を展開することが可能になるのである（国立精神・神経医療研究センターほか 2012）。ここでは WHO 世界保健機関が，危機的な状況にある人を支援する自分自身のケアおよび同僚のケアとして提案している中から，「ストレスへの対処」について紹介する（国立精神・神経医療研究センターほか 2012, 49）（**資料6-3**）。

　またソーシャルワーカーには，クライエントや関係者を守るために，自らのセルフケアを実践する責任がある。ソーシャルワーカーの倫理綱領，「IV 専門

資料6-3　ストレスへの対処──健康的な仕事と生活習慣

- 過去に役立った対処法や，強い気持ちでいるために何ができるのかを考える。
- たとえ短い時間でも，食事や，休息，リラックスのための時間をとる。
- 疲れすぎないように無理のない活動時間を守る。たとえば，仕事を複数のスタッフで分担する，緊急対応期間は交代制で働く，定期的に休息をとるようにする。
- 危機的な出来事を体験した人びとは，多くの問題を抱えることもあるかもしれません。そのすべての問題をあなたが助けることができないことで，自分を無力に感じたり苛立ちを覚えるかもしれません。けれども，あなたには人びとのすべての問題を解決する責任はないのです。このことを覚えておいてください。人びとが自分で自分を支えていけるように，あなたにできることをしてください。
- アルコール，カフェイン，ニコチンの摂取を最小限に抑え，医療者と相談しないで薬物を摂取することは避ける。
- 支援の仲間同士で声をかけ合い，仲間の様子を確認し，自分の状態もチェックしてもらう。互いに支え合う方法を考えてみる。
- 友人，大切な人，その他信頼できる人と話し，相談に乗ってもらうようにする。

出所：国立精神・神経医療研究センター・ケア・宮城・公益財団法人プラン・ジャパン訳（2012）『心理的応急処置（サイコロジカル・ファーストエイド：PFA）フィールドガイド』49.

職としての倫理責任」の８では下記の通り自己管理について示している（日本ソーシャルワーカー連盟 2020）。

　（自己管理）　ソーシャルワーカーは，何らかの個人的・社会的な困難に直面し，それが専門的判断や業務遂行に影響する場合，クライエントや他の人々を守るために必要な対応を行い，自己管理に努める。

　セルフケアや自己管理は，ソーシャルワーカーの責務として，個人に無責任に押し付けることがあってはならない。まずは自分自身や同僚等が，自らのケアとお互いのケアを実践できる体制や環境を整える必要があろう。そしてクライエントの自殺が発生した場合，それにより強い影響を受けた支援者について，管理者が早急に状況把握に努めるとともに，適宜，専門的なサポートに紹介するなどの配慮が求められる（熊谷ほか 2010）。組織的，個人的なサポートを受

けることで悲嘆に向き合い，そこからの学びを通じて支援者として前進できる
ような働きかけが必要なのである（正木 2018）。

引用・参考文献

●第1節

大塚俊弘・濱田由香里・川野健治・伊藤弘人編集責任（2016）「自死で遺された人を支えるために～相談担当者のための指針～（第2版）」自殺予防総合対策センター.

●第2節

阿部浩美・長島史子・舘巖晶子・田辺等（2015）「北海道における自殺対策　自殺予防ゲートキーパー養成とその後の推進策の検討」『病院・地域精神医学』57, 159-162.

赤澤真旗子・新井肇（2017）「生徒の心理的反応に焦点化した学校におけるポストベンションの方向性と課題　同級生の自殺に遭遇した当事者の語りの検討を通して」『自殺予防と危機介入』37, 23-31.

明智龍男（2015）「患者の自殺を経験した医療スタッフへのケア（ポストベンション）」『臨床栄養』127, 618-619.

Aldrich, R. S., Cerel J. (2020) Occupational Suicide Exposure and Impact on Mental Health: Examining Differences Across Helping Professions. *Omega*, Ahead of Print.

河西千秋・加藤大慈（2012）「院内自殺事故の事後対応」『看護管理』22, 406-409.

河西千秋・河合桃代・西典子（2007）「入院患者の自殺を防ぐために必要な知識と対応」『看護管理』17, 858-865.

Kodaka, M., Inagaki, M., Poštuvan, V., Yamada, M. (2013) Exploration of factors associated with social worker attitudes toward suicide. *International Journal of Social Psychiatry*, 59, 452-459.

公益財団法人日本社会福祉士会（2018）「自殺予防ソーシャルワークに関するテキスト開発およびリーダー養成研修事業　報告書」.

国立精神・神経医療研究センター・ケア・宮城・公益財団法人プラン・ジャパン訳（2012）『心理的応急処置（サイコロジカル・ファーストエイド：PFA）フィール

ドガイド』(＝World Health Organization War Trauma Foundation and World Vision International (2011) *Psychological first aid: Guide for field worker.* WHO, Geneva.)

原見美帆・坂口幸弘・白川教人 (2019)「全国都道府県・政令指定都市における自死遺族支援事業の実態調査報告」『自殺予防と危機介入』39, 118-123.

熊谷直樹・向山晴子・小高真美ほか (2010)「障害福祉サービスなどにおける精神障害者の自殺と対策の課題」『精神医学』52, 1193-1202.

正木啓子 (2018)「クライエントの自死が心理臨床家へ及ぼす影響と支援の視点」『トラウマティック・ストレス』16, 78-87.

日本ソーシャルワーカー連盟『ソーシャルワーカーの倫理綱領』(http://www.jfsw. org/code-of-ethics/)

西井尚子・小高恵実・青山碧 (2020)「日本における精神疾患をもつ患者の自殺を体験した精神科看護師への支援に関する文献検討」『自殺予防と危機介入』40, 98-106.

大倉高志 (2020)『自殺で遺された家族が求める支援——偏見による苦しみへの対応』ミネルヴァ書房.

折山早苗・渡邉久美 (2008)「患者の自殺・自殺企図に直面した精神科看護師のトラウマティック・ストレスとその関連要因」『日本看護研究学会雑誌』31, 49-56.

高井美智子・川本静香・山内貴史ほか (2019)「自殺発生から間もない遺族に求められる支援の探索的検討：心理学的剖検研究における自死遺族の語りから」『自殺予防と危機介入』39, 124-131.

寺岡貴子 (2010)「精神科病院で患者の自殺に遭遇した看護師に生じる反応とそのプロセス」『日本精神保健看護学会誌』19, 1-11.

Ting, L., Sanders, S., Jacobson, J. M., Power, J. R. (2006) Dealing with the Aftermath: A Qualitative Analysis of Mental Health Social Workers' Reactions after a Client Suicide. Social Work, 51, 329-341.

Ting, L., Jacobson, J. M., Sanders, S. (2011) Current Levels of Perceived Stress among Mental Health Social Workers Who Work with Suicidal Clients. *Social Work*, 56, 327-336.

東京都立多摩総合精神保健福祉センター (2011)『精神障害者支援機関等における

自殺総合対策ガイドライン』.

山口和浩（2015）「自死遺族への支援」『精神医学』57, 547-552.

第7章

演習で学ぶ遺族への支援：
演習1　自殺リスクが疑われる人への支援

・・・

演習には，二つのねらいがある。まず，一つめは，ここまでで学んだ自殺に
かかわる背景知識や自殺リスクが疑われる人への支援，自殺が起きてしまった
ときの対応等，実際に活用する基本的なスキルを踏まえて，日常的な相談支援
の場面において，なぜ自殺まで考えるに至っているのか背景を考え，面接での
姿勢について，実際の支援現場をイメージしながら考えることである。

　二つめは，演習1では自殺リスクが疑われる人への支援について，演習2で
は自死遺族への支援について，社会福祉士としてどのようなアセスメントを行
い，専門機関へつなぐのか支援事例を通して考えることである。

　本章は，個人での学習はもちろん職場や学習グループ等での演習（グループ
ワーク）が行えるよう構成している。実際の演習の進め方は，本書末の「参考
資料1　演習1をグループでやってみよう！」（175頁）を読んでやってみよう。

　また，すべての事例は，「自殺予防ソーシャルワーク研修」用に作成した架
空の事例である。登場する人物・組織・地域等はすべて架空のものである。

［演習の開始にあたって］

　本演習では，事例を2つのパートにわけ，本文前半にワーク1とワーク2，
後半でワーク3とワーク4を行う。演習の進め方，演習にあたって用意するも
のは，「参考資料1　演習1をグループでやってみよう！」（175頁）を参照のこ
と。また，検討項目は，巻末に参考資料として掲載している「生活支援アセス
メントシート」から抜粋されていることに留意する。

事例情報 1

「生きていてもしょうがない」とつぶやいたAさん

　Aさんは，自立相談支援機関の相談支援員の支援により，不安の一つである住宅の確保に目途がついた。しかし，就労の問題や今後の生活の見通しがつかないといった不安が尽きず，自殺をほのめかすように「生きていてもしょうがない」という発言をした。

　こうしたAさんの状況を踏まえて，相談支援員が社会福祉士として支援していくために，次のポイントについて検討していきたい。

①　本人の状況

　Aさん：男性，38歳，未婚，無職。

　住居　：アパートで一人暮らし。

　経済状況：短期大学を卒業して就職するも，人間関係の問題で悩み退職。前職で貯めたお金を切り崩して生活していたが，底をつく状態となった。自立相談支援機関の相談支援がきっかけで，就労準備支援事業につながっている。

　就労に向けて：自立相談支援機関につながるまでは，求職活動がうまくいかず面接に落ち続けていた。

　性格：コツコツと物事に取り組む。

　社会関係：孤立しがちで頼れる友人はほとんどいない。父親の仕事の都合で学校時代は転校が多く，いじめにあっていた。人間関係を構築するのは苦手。

　得意なこと，好きなこと：手先が器用であり，小さな頃はプラモデルつくりが趣味だった。

②　支援機関，支援者のプロフィール

○自立相談支援機関（社会福祉協議会が受託運営）

○主任相談支援員（保有資格等：社会福祉士，介護支援専門員）

- 社会福祉協議会で日常生活自立支援事業の専門員として10年間勤務した後，今年より自立相談支援事業を担う部署へ異動になり主任相談支援員になる。専門員時代から，いわゆる困難事例であっても課題から逃げずに向き合い関係機関と調整し問題解決していく姿勢が社会福祉協議会の内部で評価され，今回，社会福祉協議会で受託した自立相談支援事業の主任相談支援員に抜擢された。
- 入会している社会福祉士会等で専門職として相談援助技術の研鑽は積んでいたが，生活困窮者支援にかかわる現場での相談支援員へのスーパーバイズは手探り状態であった。
- 主任相談支援員としてのキャリアは，1年。

○相談支援員（保有資格：介護福祉士，社会福祉士）

- 地元の訪問介護事業所でホームヘルパーとして10年以上働いていた。ホームヘルパーとしてのキャリアは長いが社会福祉士は取得したばかりで，ソーシャルワークの実践経験は浅く，本人との関わり方に戸惑うことが多い。日ごろから，支援過程で壁にあたったときには自分だけで判断せず，主任相談支援員に相談しながら進めている。
- 相談支援員としてのキャリアは，１年。

○就労支援員（保有資格：キャリアカウンセラー）

- 就労支援員としてのキャリアは，１年。民間企業での職歴が20年。
- 任意事業である就労準備支援事業は，社会福祉協議会が地元のNPO法人に再委託している。

③　自立相談支援機関につながるまで

　Aさんは，小学校４年生から中学校にかけて父親の仕事の関係で転校が多く，何度かいじめの標的になったことから，他者を容易に信じることができなくなり，次第に人とかかわることを避けがちになっていった。

　高校卒業後は，自動車整備技術を学べる地元の短期大学に進学した。短大時代は，人間関係に恵まれ，親しい友人グループもでき，卒業後は自動車整備工場に住み込みで就職した。

　就職してから２年くらいは，真面目な働きぶりから，工場長からの信頼も厚く，給料も少しずつ上がり，Aさんは自分を認めてくれる工場長がいる職場に就けて良かったと，充実した日々を送っていた。ただ，短大時代の友人グループとは仕事優先の生活サイクルが影響し，あまり連絡をとることはなくなっていた。唯一交流のある近所に住む友人Bがいるものの，仕事が忙しくなり，休日のサイクルが合わず，休日をぼんやりと一人で過ごすことが多くなっていった。

　その後，職場に後輩社員（男性）が１名入社し，Aさんは後輩社員の指導係となった。後輩社員は遅刻や無断欠勤が絶えず，仕事覚えが悪かったが，工場長はそうした勤務態度を叱らない。後輩社員はAさんの指導に対してもほとんど耳をかさなかった。

　あるとき後輩社員の不注意による仕事の失敗があり，顧客に迷惑をかけるトラブルが発生した。その時も工場長は後輩社員を叱らず，「おまえの指導が行き届いていないからだ」とAさんを一方的に責めたてた。

　しばらくして，工場長の奥さんから，後輩社員は取引先の社長の息子で，工場長にとっては仕方なく雇っているという裏話を聞かされた。Aさんは納

得がいかず，工場長に「後輩社員の態度を改めるよう指導するべき」と進言したが全く聞き入れてもらえなかった。

　A さんは頑張っても何も認めてもらえない無力感に襲われ，仕事を休みがちになった。最初の頃は，工場長の奥さんや友人 B が心配してアパートまで訪問してくれたが，2 か月後には退職してしまった。

　幸いにも普段あまり遊んでいなかったため，生活を切り詰めながらであれば，3 か月くらいは生活していけるくらいの貯金は残っていた。会社が用意してくれたアパートを出ることになっても，次のアパートへの転居費用を支払うことができた。

　工場の総務を担当していた工場長の奥さんが，雇用保険について教えてくれたので，失業給付を受給しながらハローワークに通ったが，なかなか就職には結びつかず，求職そのものをあきらめるようになり，貯金額も少なくなってきた。友人 B を頼りにしてきたが，いつまでも B に頼っている訳にもいかないと焦り，ハローワークに再度相談したところ，自立相談支援機関の相談支援員を紹介された。

④　本人のつぶやき

　相談支援員は，ハローワークからおおよその経緯を聞いていることを告げ，初回面談で A さんの今後の意向を確認した。

　A さんは，当座の生活費に充てていた貯金残高が30万円程しかないこと，このままではアパートの家賃を支払うこともできなくなり，部屋を出なくてはならないと不安を漏らした。相談支援員は A さんに住居確保給付金制度を説明し，一緒に役所へ申し込みに行くことの同意を得ることができた。

　翌日，申込みのために訪れた役所では，すぐに申請書を受理してもらえた。A さんは役所から戻る途中，相談支援員に，「友人 B には一方的に頼ってばかり。年老いた両親にも迷惑をかけられないのに，就職が一向に決まらないし……生きていてもしょうがない。どうしたらいいのかわからない」とぼそぼそとしゃべりだした。昨日から気にはなっていたが，A さんは，今日も頬が少しこけていて目の下のクマが目立っている。

　相談支援員は「生きていてもしょうがない」という言葉が気にかかったが，まだ相談支援員としてのキャリアが浅いためか，咄嗟にどのような対応や声掛けをしていいか迷ってしまい，「これからのことは一緒に考えていきましょう」と告げて，明日また相談支援員から電話連絡を入れる約束を取り付けるのが精いっぱいで，具体的な対処の提案については示すことができなかった。

コラム1 ✏ 自立相談支援機関の機能と役割

　生活保護に至る前の段階の困窮者支援を行う制度の運用等を定めた生活困窮者自立支援法（以下，同法）に基づき，福祉事務所設置自治体に設置されている機関。運営形態は，自治体直営もしくは社会福祉法人，NPO法人等に委託。同機関は，法が定める必須事業として，①「自立相談支援事業」と②「住居給付確保金の支給」を実施する。①は，生活困窮者が抱える様々な課題に対して一元的に相談対応し，生活困窮者に対する評価，分析に基づいて支援計画を策定する中核的な事業。②は，離職により住居を喪失した，またはそのおそれが高い生活困窮者に対して家賃相当額を支給する事業である。

　主任相談支援員は，相談支援員としてコミュニケーション能力，アセスメント能力，サービス調整に高い能力を発揮し，自立相談支援機関内や地域でリーダー的な存在として役割を果たすことが求められる。具体的には，支援内容の進捗状況の確認，助言，指導を行う相談業務のマネジメント，高度な相談支援（支援困難事例への対応等），社会資源の開発を行う。

　相談支援員は，主に個別ケースについてアセスメント，支援をコーディネートする「プラン作成業務」や本人に寄り添って包括的，継続的に相談対応や同行支援を行う「包括的・継続的支援業務」を行う。

　就労支援事業所（本事例では地元NPO法人が受託運営）

　法が定める任意事業として，就労支援を行う諸事業を実施する事業所。運営形態は，自治体直営もしくは社会福祉法人，NPO法人等に委託となる。

① ワーク1　自殺リスクが疑われる A さんに対して，どのような姿勢で面接に向き合うべきか

　ワーク1では，A さんに対して面接に向き合う際の姿勢について，どのような配慮が必要か，そして面談で収集した情報と緊急性の度合いを踏まえて，この段階で本人への具体的な対応法を想定して記載しよう。

☐ 面談時の要点項目 1：自殺念慮を直接たずねること

　第 3 章でも解説したとおり，新人へのフォローといった一定の組織的な対応を行う前提で，自殺のリスクが疑われる人への相談支援において自殺リスクを適切に評価するためにも，自殺する意図の有無の確認（「自殺」「死」という言葉を扱うことが重要）をすること，また，期間を決めて自殺をしないことの約束をすることは重要である。

☐ 面談時の要点項目 2：落ち着いた物理的環境整備と受容の姿勢

　まず，面談する物理的な環境として，静かに落ち着いて話ができる面談スペースなどの確保が必要である。

　事例にあるとおり，役所からの帰りがけに相談支援員に対して A さんから「生きていてもしょうがない」というつぶやきがあった。

　世界自殺レポート（自殺予防総合対策センター 2014）にもあるとおり，こうしたつぶやきに触れた際は，「自殺を口にする人は実際に自殺するつもりはない」という俗説にとらわれずに，A さんは「生きたいという気持ち」と「生きていてもしょうがない」というアンビバレント（両面価値）な感情に揺れ動いているとみるべきである。その一方で，心理的視野狭窄に陥りつつあり，死につながる選択肢の優先度が高くなっているサインでもあるので，落ち着いた環境で継続したかかわりが求められる。

こうしたことを踏まえて，信頼関係の構築という点からも，打ち明けてくれた行為そのものをねぎらうことが求められる。たとえば，「つらいのに打ち明けてくれてありがとう」などといった声かけを適時入れながらかかわることが，多くの場合有効である。その意味では，担当者は同一の人物が継続してかかわることが望ましい。

　なお，仮にＡさんから相談内容を友人や家族など相談員以外には他言しないでほしいという守秘約束を迫られても，同意しないこともある。「Ａさんを守るためには私の上司や家族や友人に連絡すること」もあると相談者に理解を求める姿勢は欠かせない。

　相談支援の基本である共感と傾聴の姿勢をもって，相談者の価値観を挟まず相手の話をさえぎらずに相談に臨むことが重要である。そうした姿勢で相談に臨むことが「この人なら話を聞いてくれるかもしれない」というＡさんの安心感につながる。

　たとえば，再就職先がなかなか決まらず，先々の生活の糧をどのように確保していけば良いか不安を抱えるＡさんに「生活費のことなんて気にしなくて大丈夫」などの安易な励ましや「あなたには大切な家族がいるでしょう。死ぬことを考えるなんて良くない」などと強引に説得を図るのも姿勢としては勧められない。Ａさんにとって切実な問題を，相談者自身の価値観のみで評価するのは問題である。なぜなら，自殺は好ましいものではないと一方的に決めつけられた時点で，Ａさんは正直に自殺念慮について話すことをためらう可能性が出てくるからである。

　また，支援者側の負担軽減のために安易に「話ができて少しは気分が楽になったでしょう」といった聞き取りも避けるべきである。

　相談員は自己否定的な言動の裏側にあるＡさんが抱える先が見えないという不安に対して，具体的な働きかけを行うことが求められる。特に心身の健康状態を整えることを優先し，Ａさんの不安の軽減と今後の継続的な支援につなげる働きかけが求められる。

たとえば次のような視点での対処である。

☐ Aさんに提案できる対処法（例）

• Aさんのアセスメント情報を整理する。

• アセスメント情報をもとにAさんが安心して受診できる診療機関を，上司に相談し確保する。

• Aさんに早急に診療機関を紹介し，心身面での安定を図るようにする。たとえば，倦怠感や微熱といった身体的な異変と強いストレスにさらされているメンタル面での負荷を勘案し，Aさんに精神科や心療内科の受診をすすめる。

• ある程度の健康状態を確認できた段階で，Aさんの意向を確かめながら今後の生活基盤を整える次の支援の方向性を見出す。

☐ 生活支援アセスメントシートを活用し背景を探る

　特にワーク1では，本書第3章で解説した「生活支援アセスメントシート」の「様式1　インテークシート」「様式2　基礎シート」「様式11　領域別シート③」を活用することが有効である。

　本事例では，自殺リスクの評価を行うために欠かせないクライエントが抱える問題の背景に何があるのかについて検討しなければならない。

　事例中のAさんの基本的な情報は，大まかに示されているが，不明な点も多い。

　そこで，ここまでで明らかになった事例情報の範囲で，「生活支援アセスメントシート」を用いながら，特に自殺リスクを評価するうえで重要だと思われる5つのポイントについて分析する。そしてこれらの結果を踏まえて緊急性についてアセスメントを試みる。

　アセスメントは一回で完結することは難しく，実際は何度か継続したかかわりの中で行うこともある。

コラム2 ✐　様式11 領域別シート③について

　日本社会福祉士会は，「自殺対策強化月間」の協賛団体として登録されており，厚生労働省「平成28年度自殺防止対策事業」の一環として，日常のソーシャルワーク実践の中で，自殺リスクをアセスメントし，支援機関に適切につなぐための支援ツールとして，生活支援アセスメントシート「様式11 領域別シート③（自殺リスクが疑われる場合）」を開発しました。　様式掲載 URL：https://www.jacsw.or.jp/15_TopLinks/seikatsu_konkyu/index.html

2 ワーク 2　A さんが自殺を考えたくなる ほど追い込まれている背景は何か

◯ ワーク 2 の解説

　ワーク 2 では，A さんが，実際に考えることに至った背景に潜んでいる様々な要因を生活歴，暮らしの基盤等，事例情報をもとに検討する。検討の際は，どのような項目について，どのような視点で情報収集を行うのかといったことをイメージする。

　ここからは，ワーク 2 に設定されている検討項目について，「生活支援アセスメントシート」中の基礎シート，「領域別シート③自殺リスクが疑われる場合」（以下「領域別シート③」）を活用しながら解説する。

　解説は，A さんおよび A さんをとりまく環境にかかわるアセスメントの項目，A さんとの面談時の情報について現段階での緊急性の判断により明らかになった課題に対して具体的にとりうる対応という順で進める。

◯ アセスメントの要点項目 1：過去の自殺企図・自傷行為

　小中学生のときにいじめを受けたこと，また前に勤めていた会社で人間不信に陥ったことがあることはわかったが，そのことをきっかけとする自殺企図歴や自傷行為があったのかどうかは，この段階ではわからない。

　しかし，相談支援員に対して「生きていてもしょうがない」とつぶやいたという事実は，重く受け止めなければならない。このつぶやきは，自殺念慮を想定させる重要な危険因子だからである。

　この点について，Kessler ら（1999）は，自殺念慮を抱いた人の34％は具体的な自殺の計画を立てており，自殺の計画を立てた人の72％は実際に自殺企図におよんでいたことを報告している。第 2 章で触れた通り，自殺念慮は自殺の重要な危険因子であることを示している。

◯ アセスメントの要点項目2　職業問題・経済問題・生活問題

　相談支援員の適切な対応により生活の基本である住居の確保にめどがついたものの，就職先が見つからず，貯金も底をつきそうになり，将来の生活設計の見通しが立たず相当に焦っていることがうかがえる。

　事例中のAさんにとって，目前の問題のひとつが，職業問題，経済問題，生活問題である。短大卒業後，すぐに就職し職業的キャリアも積みながら，比較的経済的に安定した生活を送っている状態から失業状態に陥っているため，生きていくための経済的基盤が崩れ追いつめられていることは想像に難くない。

　第2章でもふれた世界自殺レポート（自殺予防総合対策センター　2014）では，個人領域における自殺の危険因子として「失業もしくは経済的損失」をあげている。それらの具体的な内容は「失業，家の差し押さえ，そして経済的不安定は，抑うつ，不安，暴力そしてアルコールの有害な使用等の危険因子が併存するとき，自殺の危険を高める」（自殺予防総合対策センター　2014，40）となっている。

◯ アセスメントの要点項目3　自殺につながりやすい心理状態

　小中学生のときにいじめを受けたこと，また前に勤めていた会社での人間関係のもつれから，他者を容易に受け入れない傾向がある。ものごとを悲観的にうけとる傾向もみてとれる。

　事例情報の最後の部分にあるように，Aさんは，「生きていてもしょうがない」と相談支援員と一緒の場面でつぶやいている。Aさんは，職場での人間関係のもつれをうまく対処できず，仕事を辞めてしまったものの，次の仕事が決まらず生活の見通しがつかない中で，悲嘆，あきらめ，絶望感といった感情にとらわれていることが想像できる。

　こうした自殺念慮を聞き流さず，相談支援員が気にかけたことは大切なことである。

　自殺に関する俗説の一つとして「自殺を口にする人は，実際には自殺をする

つもりがない」があり，これは誤りである（自殺予防総合対策センター　2014）。そして事実は「自殺を口にする人はおそらく援助や支援を求めている。自殺を考えている人の多くが不安，抑うつ，絶望を経験しており，自殺以外の選択肢はないと感じている」である（自殺予防総合対策センター　2014, 15）。

　Aさんが「生きていてもしょうがない」とつぶやいた背景は，ほんとうは生きたいのに自分が抱える問題の解決策が見つからず，Aさんが心理的視野狭窄に陥りつつあり，死ぬという方向につながる選択肢の優先度が高くなっているのではないか。

　実際，Aさんは，相談支援員の支援を受け入れ，当面の住居確保の問題解決について目途がつき安心した矢先に，次に解決すべき問題に直面しているのである。

◯ アセスメントの要点項目4：ソーシャルサポート～保護因子としての強い個人の人間関係

　Aさんは，これまでの経験から他者を容易に受け入れない傾向があるが，友人Bに対しては自ら助けを求め，支援を受ける力も残っている。

　現段階でAさんの中心的な問題である生活費の確保に関して，「いつまでも（短大時代からの友人である）Bに頼ってばかりはいられない」と自らを卑下するようなつぶやきをしている。こうした状態に陥る背景として，アセスメントの要点項目2で確認した，失業状態から抜け出せない焦りや，アセスメントの要点項目3でも確認した，ものごとを悲観的に受け止めてしまう傾向が強い傾向が大きく影響しているといえる。

　しかし，一方で信頼を寄せる友人Bとの関係を維持できており，Aさんの①負担感の自覚，②所属感の自覚，③身についた自殺潜在能力（第2章第3節を参照）を包括的なアセスメントを通して，危険因子への適切な評価と対処と同時に，こうした保護因子を引き出す相談支援を行うことが求められる。

事例情報 2

Ａさんの追加情報

① 自宅訪問と医療機関へのつなぎ

　Ａさんのつぶやきを受けて事務所に戻った当日の午後１時，相談支援員は，Ａさんへの対応について主任相談支援員と協議した。Ａさんの言動から軽微ではあるが精神的に疲れていることが推測でき，すぐに医療機関につなぐ必要があると判断。相談支援員はＡさんに電話を入れ「先ほどは，住宅の手続きが中心でしたね。もしお疲れでなければ今後の生活のことなどをどうしていくかもう一度お宅に伺ってお話ししていいですか」と持ちかけた。

　Ａさんは「特に用事もないのでいつでもどうぞ」とのことだったので，同日午後２時に自宅を再度訪問し，食事や睡眠がとれているかＡさんの心身状況を事実確認したところ，睡眠してもすぐに目覚めてしまうことが多く，まったく寝つけない日もあること，また食事はコンビニ弁当で済ませている。お金も底をつきはじめ，自炊する気力がわかない。お酒は元来飲めない体質なので，現在も飲んでいないことを確認した。これまでしていた気晴らしのインターネットでの交流もする気力がわかなくなり，体全体がだるい感じがして，平熱より少し高い体温（微熱）が続いているとのことだった。

　相談支援員は，Ａさんとの面談をして，その場で事務所に電話を入れてＡさんに受診をすすめるかどうかを主任相談支援員と再検討した。主任相談支援員としては，相談員からの話を聞き，Ａさんが倦怠感や微熱といった身体的な異変と精神面で強いストレスにさらされている状態を勘案し，心療内科の受診をすすめてみるべきと相談支援員に助言した。受診先として，主任相談支援員が以前に出席した自立支援協議会を通して知り合った心療内科クリニックをすすめることとなった。

　Ａさんに心療内科クリニックの受診をすすめたところ，Ａさんは提案を受け入れ，その場で心療内科に電話をかけ，Ａさん本人が翌日午後の時間帯に受診予約を入れた。

　翌日，Ａさんから相談支援員に電話があり，医師が親身に話を聞いてくれて少し気持ちが落ち着いたこと，特に病名はつかなかったが，眠れていないと話したところ睡眠薬を処方してもらったことを報告してくれた。また，Ａさんから２〜３日くらい休んでからまた今後の生活について相談したい意向が示され，相談支援員が了解した。

② 就労に向けた相談

　その電話連絡から４日後の午前中，Ａさんから相談支援員に「これからの

ことを相談したいので行きたい」という電話があり，その日の午後，A さん
と面談をした。

　受診したことにより精神的に少し落ち着くことができたことで，就労意欲
も徐々に回復しているという思いを話してくれた。できれば，もう一度前職
と同じ自動車整備工をしたいと願う一方で，小中学生のときのいじめの記憶
や，前就職先での出来事が尾を引いて，無理をして就職しても人間関係に煩
わされる不安もあり，信じてもすぐに人は裏切るという趣旨の発言が何度か
あった。

　家族とは連絡をほとんどとっておらず，たまに連絡をしてもアルバイトを
していると嘘の近況報告をしているとのことだった。嘘をついている理由を
たずねると，今までいじめにあっても優しく自分を庇ってくれた父親には迷
惑と心配をかけたくないからと話した。

　面談終了後，相談支援員は，主任相談支援員と面談結果について検討した。
A さんの就労意欲の高まりと人間関係への対処法の未熟さとの間で揺れる気
持ちを受け止めつつ，就労に向けて，高齢者施設での就労訓練をしながら生
活リズムを整え，対人関係の構築スキルを身につけることを，短期目標とし
て設定することとした。また，長期的にはもともと持っている自動車整備の
技術を活かせる職種への就労を目標に設定し，A さんも相談支援員が作成し
た支援プラン案に同意してくれた。支援調整会議では，A さん同席のもとプ
ラン案が承認され，就労支援員とともに支援を行うことになった。

③　母親の死

　A さんは，高齢者施設での就労訓練である清掃の業務内容はすぐに習得で
きた。一方で，利用者である高齢者との関わりや上司との接し方がストレス
に感じることもあった。しかし，就労支援員の心理的サポートにより，負担
感も軽減されていった。やがて A さんから利用者や同僚に積極的に話しか
けるようになり，施設内での仕事ぶりへの評価も高まっていった。A さんの
表情も明るくなっていった。

　A さん自身も体調も良く，心療内科へは 2 回受診したが，今では眠れるよ
うになり睡眠薬も飲んでいないという。

　当座の生活費用のために自家用車を売ったこともあったが，主任相談支援
員，就労支援員，相談支援員も A さんへの支援は順調に進んでいるものと評
価し，近いうちに一般就労に向けた準備も進めてもいいかもしれないと話題
にしていた。また，友人 B との関係も維持できており，時々部屋を訪ねてく
ることもあるとのことだった。

しばらくしたある日の午前９時頃，Ａさんから相談支援員に電話がかかってきた。就労訓練に行っている時間なのにといぶかしく思ったが，「Ａさんどうしましたか？」とたずねると，「母親が昨夜，脳梗塞で亡くなった」とかぼそい声で話しだした。その後「どうして突然……」と話しを続けた。

　相談支援員は葬式準備のため，就労訓練をしばらく中断する調整を行った。

　母親の葬式は，Ａさんと父親とが協力して手配等を行ったようだった。Ａさんは葬式が終わった翌週には，以前と同様に就労訓練に戻った。相談支援員が心配して訓練の様子を見に行ったが，「おふくろの分まで頑張らないといけない」とむしろ以前より明るい雰囲気で働いているように見えた。相談支援員は「もう落ち着いた」と思い，しばらく訪問をやめていた。

　１か月が過ぎたころ，相談支援員は訓練先の相談員から電話を受けた。内容は，Ａさんが落ち込んだ雰囲気で「出口が見えない。もういいです……」と話すことが多くなったとのことだった。相談支援員はすぐにＡさんの自宅に電話して，さりげなく最近の就労訓練の取り組み状況から生活の様子を探ると，「がんばっているよ」と明るく答えた。

　しかし，その数日後，相談支援員は就労支援員からＡさんが無断欠勤しているという報告を受けた。主任相談支援員と相談支援員が毎日Ａさんの自宅に訪問した，Ａさんが家に閉じこもりがちで外には一歩も出ていないことがわかった。

　１週間後，Ａさんは「もう何もしたくない。生きていても仕方がない。俺なんてやっぱりこの世にいない方がましだ」とつぶやいた。Ａさんは「体調は悪くない」と言うが，頬はこけていた。主任相談支援員はＡさんの支援プランを見直す準備をすすめた。

③ ワーク 3　母親の突然の訃報で より自殺リスクが増した A さんへの支援

◯ 何を検討するか

　ワーク 1 とワーク 2 では，A さんの「生きていてもしょうがない」というつぶやきに対して，相談支援員は主任相談支援員の助言を受けながら，心療内科の受診へつなぎ，A さんは不眠状態から回復した。

　また，自立支援相談支援機関が策定した就労に向けたプランに沿って順調に支援を受けていた。しかし，母の突然の訃報により再び自殺をほのめかす発言が出るようになった。自立相談支援機関がかかわり出した当初に比べて危険度が増していることがうかがえる。

　こうした状況を踏まえて，次には生活支援アセスメントシート「様式11　領域別シート③」（以下，領域別シート③）の項目の一部を用いたワーク 3 とワーク 4 を検討していく。

　A さんは，自立相談支援機関の就労に向けたプランに沿って順調に支援を受けていたが，母親の突然の訃報により，当初に比べて自殺へのリスクが増していることがうかがえる。この点を踏まえて，以下の(1)と(2)について検討していく。

---

(1)　**面接者の判断**

　□継続対応の必要あり

　□専門機関につなぐ

　□その他　（　　　　　　　　　　　　）

　　緊急対応の必要性

　□あり

　□なし

(2)　**判断の根拠・対応方針**

まず，ここまでのワーク1とワーク2と同様に，この段階で与えられている事例情報をもとに，ワーク3に記載されている3つの検討内容である「面接者の判断（緊急対応の必要性を含む）」「判断の根拠と対応方針」「支援のためのネットワーク構築に求められる視点と方法」を検討する。

　総合的かつ包括的な視点でアセスメントすることが前提で導き出されることが重要で，事例から読み取れる危険因子と保護因子を十分に吟味して判断することが求められる。

☐ 面接者の判断と緊急対応の必要性

　ワーク3では，面接者の判断と今後の対応方針を検討する。

　Aさんへの今後の対応方針として，次のような判断が考えられる。

---

　(1)　面接者の判断

　　☑継続対応の必要あり

　　☑専門機関につなぐ

　　☐その他（　　　　　　　　　　　　）

　　　緊急対応の必要性

　　☑あり

　　☐なし

☐ 判断の根拠

　緊急性の判断にあたってはその根拠となる分析が重要となる。事例中の相談支援員は，次のようなAさんが置かれた状況と事実関係について考えた。

　まず，事例の経過を経て，Aさん自身の心身状況や母親の死という環境が変化した中で「生きていても仕方がない」という発言に着目する。ワーク1とワーク2でも同様の発言をしているが，今回の発言は，こうした状況からより危険度が高くなっていることが予想できる。

　また，母親の葬式が終わった翌週，Aさんの「死んだおふくろの分まで頑張らないと」という発言にもあるように，一旦は周囲を心配させないように，荷重に受け止め気丈に振舞おうとしたものの，Aさんの性格から負担に耐え切れなくなって，精神状況は著しく低下していると判断した。

　Aさんは，小中学生のときのいじめ体験や就職先での人間不信，経済的に困窮する状態に陥ることを経験しながらも，自立相談支援機関の支援を受け入れ，就労支援プログラムも順調にこなし，少しずつ状況が変わってきていたように見えた。しかし，その矢先に母親の突然の死去という喪失体験に遭遇し「がんばっても報われない」という視野狭窄に陥り，境遇の変化と負担に耐え切れなくなっていることも予想される。

　また，自動車整備工として働いてきたキャリアがあり，将来は自動車に関する仕事へ復帰したいという願いを明かしていたにもかかわらず，当面の生活費を工面するために自動車を売却している事実から，自らの生きがいを奪われたような思いに駆られたことも予想できる。また，「体調は悪くない」と発言しながら，実際に訪問してみると，頬がやつれていることが確認された。事例によると心療内科への通院は2回で終了しており，現在は睡眠薬も服薬していない。こうした状況を踏まえて，食事をきちんと摂取しているかを確認しつつ，うつ病の罹患も想定しておくことが必要である。

　ただ，こうした危機的な状況にあっても，Aさんに保護因子の要素が残っていることもうかがわせる。たとえば，就労訓練先を無断欠勤し引きこもり状態になっていても，相談支援員と主任相談支援員を自宅に受け入れているという事実である。こうした点から，Aさんには，「死にたいという気持ち」と「問題解決をして生きたいという気持ち」の狭間で揺れ動いているともいえる。

◯ 緊急性の状況判断をした上での今後の対応方針

　まず，ワーク1とワーク2でのAさんは，自殺のリスクは著しく高いとは言い切れないが，自殺につながりかねない危険因子もうかがえるので，注意深く

本人の様子を見守りながらかかわっていくと判断した。なお，これらの判断は，支援者個人だけで行うのではなく，本書第3章でも確認したように組織的に行うことが求められる。

こうした判断にいたった理由を2つの側面から考える。

1つめは，自殺に至る危険性についてである。「職業問題，経済問題，生活問題」に関しては求職活動がままならず，貯金も底をつきそうな状態であり，「自殺につながりやすい心理状態」に関しても元来の気質や人間関係を構築する上での不器用さに加えて，複数の問題が相互に絡まりあって危険因子が増大する傾向もうかがえる。また「あまり眠れていない」という明確な心身の不調を訴えるつぶやきもある。

2つめは，Aさんをとりまく保護因子である。まず，ハローワークや自立相談支援機関といった相談機関に自ら出向く力が残っていることに着目すべきである。また，ワーク2でのアセスメントの要点項目4（163頁）でも確認したように，最初の職場での人間関係を構築する上での不器用さの裏返しとして，一度築いた親密な友人関係を維持できている強みもある。さらに，現段階では，Aさんは継続的にアルコールを多量に摂取するなどの，ストレスを避けるための「のぞましくない対処行動」をとっている形跡がない。

なお，Aさんは「あまり眠れていない」と心身の不調を吐露したが，実際には容易に心境を明かさないこともありうる。アセスメントにかかわる項目を全て聞き出すのではなく，緊急時の対応も考慮しつつ，時間をおいて小分けに聞き出すなどの工夫も求められる。

Aさんは，これら両面の事実を総合的に検討し，保護因子にかかわる事項が今後の相談支援によって強化されていくことが想定できるので，前記の判断に至った。

◻ 生活支援アセスメントシートを活用し背景を探る

特に「領域別シート③」を活用して，直接的なAさん本人のつぶやき，行動

に併せて，顕在化している背後にある事柄を探ることが求められる。

　複合的な問題が潜んでいるため支援方針を決める判断は容易ではないと思われる。「メンタルヘルス　ファーストエイドによる支援」（内閣府 2012）や「抑うつ気分のチェックリスト」（杉山ほか 2011）が掲載されており，具体的な判断の際の参考となる。

　次に，ワーク 3 で検討した面接者の判断で，継続対応の必要性，専門機関等へつなぐ必要性，緊急性の有無について検討する。どのような機関に協力を求め，どのような支援体制をつくっていくのか，「領域別シート③」の「専門機関につなぐ場合の留点」を踏まえて検討する。

ワーク4 支援のためのネットワーク構築に求められる視点と方法

ワーク4では，対応方針の中心的な課題となる支援のためのネットワーク構築に必要な視点と方法について検討する。

◻ 専門機関等へのつなぎ

自殺リスクが高まっているAさんのおかれた状況を勘案すると，すぐに精神科の受診へつなげる必要がある。

その際には，Aさんへの説明と同意を得たうえで，Aさんが初めて受診した心療内科のカルテ情報取得や紹介状発行に向けた調整を図ることが求められる。

Aさんは，これまで自立相談支援機関の主任相談支援員や相談支援員など他者の支援を受け入れており，心療内科の受診もしていることから，精神科への受診についても円滑に受け入れることが予想できる。

しかし，第4章でも触れたように，実際には，本人が精神科受診に後ろ向きであるケースもある。こうした精神科受診を躊躇する主な理由は，精神科につながったことで，従来かかわっている相談機関から切り離される不安感によるところが多い。こうした問題に対しては，医療機関へのつなぎ後も，本人の承諾のもと，当初からの相談機関が継続して医療機関と連携した関わりが可能であることを伝え，安心感の醸成を図る必要がある。

一方，中長期的には，インフォーマルな支援協力者の確保も視野に入れるべきである。

本人の心身状況が落ち着くころを見極めて，Aさんの自殺リスクが高まる直近まで関わりをもっていた短大時代からの友人Aの支援協力を求められないか検討する必要がある。たとえば，定期的な見守りをお願いするなどである。

また，事例においてあまり触れられていなかった家族の支援についても状況によっては，選択肢には入れることもある。

　ただ，こうしたインフォーマルな支援の協力に関しては，十分な配慮が必要である。特に家族など，相談機関からの支援協力依頼がかえって罪悪感を与えてしまう結果になりかねない。たとえば「家族がいながらなぜこんなことになったのか」という批判的な受け止め方をされては家族の心理的負担が増すだけである。こうした点について，家族にできること・できないことを分けて，「○○（具体的支援内容）についてはお願いできますか」のように，家族の負担を考慮した具体的な助言や提案の必要性を指摘している（松本 2015）。

☐ 組織的な対応をとる

　次に相談支援時の対応に関する組織的，実施体制上の留意点である。

　本事例で直接 A さんの相談対応を行うのは，キャリア経験の浅い相談支援員である。相談対応は，自殺念慮のある相談者の状況を考慮し，同一人物が継続してかかわるのが基本である。しかし，相談支援員の経験・力量不足をカバーするためでも，主任相談支援員による適切なスーパービジョンが欠かせない。事例の中でも，支援の方向性について，上司である主任相談支援員に相談・協議しながら支援の内容を固めている様子がうかがえる。特に，対応によっては人命にかかわることも想定される緊急性の判断を行う場合などは，単独ではなく自立相談支援機関という組織としての対応を行うことが基本である。

　なお，上司の判断や助言を仰ぐ場合には，相談者との信頼関係維持の観点からも，相談者の事前の了解を取り付けることは当然である。

　本事例では，相談支援員が経験不足という設定であるが，こうした組織的対応はキャリアの長さのみで変わるものではない。自らの力量の過信は禁物であることは言うまでもない。

◯ 日常的なネットワークづくりの重要性

　相談者の姿勢として，いざという時の「つなぎ先」の確保を心がける。この段階では，医療機関へのつなぎを想定している。

　実際のケースによっては，精神保健福祉センターなどの他の公的な専門機関へのつなぎも想定できる。要因の状況によっては心身状況だけではなく，借金問題の解決のため，弁護士会や司法書士会が法律関係の相談センター等につなぐことの優先度が高い場合もある。精神科領域や法律家との連携については，本書第4章および第5章を参照されたい。

参考資料 **1**　　演習 1 をグループでやってみよう！

1　前半（ワーク 1 とワーク 2）の進め方と流れ

　本演習は全体で180分かけて進めることを想定し，プログラムを立てている。ここでは全体の演習のうち，前半にあたるワーク 1 とワーク 2（所要時間80分）の流れを説明する（**表7-1**）。

　まず，導入として，オリエンテーション演習全体の目的，ねらい，進め方について10分で講師から説明し，続いてグループ内でメンバー間の自己紹介，司会役等を10分かけて決める。

　次に，演習用としてあらかじめ用意している事例の前段部分にあたる「事例情報 1」の内容を10分で共有する。講師が読み上げるかどうか等，共有の仕方は，講師が適時判断する。

　次に，生活支援アセスメントシートの「様式11　領域別シート③（自殺リスクが疑われる場合）」（以下，「領域別シート③」）を参考にしながら，ワーク 1

表7-1　前半（ワーク 1 とワーク 2）の進め方と流れ

（所要時間　計80分）

演習構成	内容・時間配分	演習実施上のポイントや注意点など	配布物
導入 （20分）	オリエンテーション （10分）	• 全体の説明（目的，ねらい，進め方） • タイムスケジュール	
	自己紹介，司会進行，記録者の選定（10分）	• グループ内での自己紹介 • 司会進行，記録者の選定	
ワーク 1 ワーク 2 （60分）	事例情報 1 の共有 （10分）	• 事例情報の確認（講師が読み上げる，受講者に読み上げてもらう等，適宜講師が判断する）	「事例情報1」
	グループワーク （35分）	• 「領域別シート③」を参考にしながら，自殺リスクのアセスメントを行う • 面接において本人と向き合う姿勢 • 組織として対応することの重要性	「領域別シート③」
	グループ発表（10分）	• 複数グループによる発表	
	講師解説（5分）	• グループ発表をふまえ，講師が解説する	PP 活用

によりグループワークを35分かけて行う。

　次に，グループワークで話し合われた内容の概要を，複数グループから10分かけて初表してもらう。

　最後に，発表してもらった内容を取り入れた解説を，講師から5分かけて行う。

2　後半（ワーク3とワーク4）の進め方と流れ

　ここでは演習の後半にあたるワーク3とワーク4（所要時間100分）の全体の流れを説明する（表7-2）。

表7-2　後半（ワーク3とワーク4）の進め方と流れ

（所要時間　計100分）

演習構成	内容・時間配分	演習実施上のポイントや注意点など	配布物
ワーク3 ワーク4 （90分）	事例情報の共有 （10分）	• その後の追加情報の確認（講師が読み上げる，受講者に読み上げてもらう等，適宜講師が判断する）	追加情報
	グループワーク （55分）	• 面接者の判断　• 対応方針とその根拠 • ネットワーク構築に求められる視点 →精神科病院等の専門機関につないで終わりではなく，（たとえば退院後の）本人の地域生活を支えることを見すえたネットワークづくりの視点	ワークシート 「領域別シート③」
	グループ発表（15分）	• 複数グループによる発表	
	講師解説（5分）	• グループ発表をふまえ講師が解説する	PP活用
まとめ （10分）	演習のまとめ	• 社会福祉士として相談支援過程で自殺企図を持つ本人と向き合う際の留意点，特に自殺企図の有無について，本人へたずねる際の対応は，重要な事項なのでていねいにコメントする。	

※「領域別シート③（自殺リスクが疑われる場合）」の参考1「メンタルヘルス・ファーストエイドによる支援」（217頁）等を参考にすること。

　まず，ワーク1からの続き，追加情報にあたる事例の後段部分「事例情報2」の内容を10分で共有する。講師が読み上げるかどうか等，共有の仕方は，講師が適時判断する。

　次に「領域別シート③」を参考にしながら，ワーク3とワーク4によりグループワークを55分かけて行う。

　続いて，グループワークで話し合われた内容の概要を，複数グループから15分かけて発表してもらう。さらに発表してもらった内容を取り入れた解説を，講師から5分かけて行う。

　最後に，ワーク3とワーク4の解説終了後，演習全体のまとめを10分かけて行う。特に，第3章でも触れたとおり，自殺企図を直接たずねる重要性，たずねる際の留意点の解説はていねいに行う。

引用・参考文献

自殺予防総合対策センター監訳（2014）『自殺を予防する――世界の優先課題』自殺予防総合対策センター.

Kessler, R.C., Borges, G., Walter, E.E.（1999）Prevalence of and risk factors for lifetime suicide attempts in the National Comorbidity Survey. Archives of General Psychiatry 56, 617-626.

松本俊彦（2015）『もしも「死にたい」と言われたら　自殺リスクの評価と対応』中外医学社.

内閣府（2012）「誰でもゲートキーパー手帳」.

杉山直也・河西千秋・井出広幸・宮崎仁編（2011）『プライマリケア医による自殺予防と危機管理』南山堂.

第**8**章

演習で学ぶ遺族への支援：
演習2　自死遺族への支援

・・・

［演習の開始にあたって］

　演習2では，第6章で学んだ「自死遺族」の基本的知見を踏まえて，相談事例を用いながら社会福祉士としてとりうる具体的な対応について考える。

　演習の進め方は，本章末「参考資料2　演習2をグループでやってみよう！」（193頁）を参照のこと。

事例情報 3

「何から手をつけていいかわからない」と訴えるC子さん

　Y市社会福祉協議会の自立相談支援機関所属の主任相談支援員は，地域の民生・児童委員から紹介されて事業所に相談に訪れたC子さん（32歳，女性）と面談をした。

　最初は「小学校4年生（10歳）の息子を抱えて2人で生活していくのが苦しい」とボソボソと話し出したものの，うつむいたままで次の話まではしばらく沈黙が続いた。主任相談支援員はお茶を勧めたりしながら雰囲気を和らげる配慮をしたところ，徐々に主任相談支援員の問いかけに応えるようになっていった。

　主任相談支援員はC子さんの目の下にくぼみがあったことが気になったため，「ちゃんと眠れていますか」とたずねたところ，「いや……全然」と答えた。「いつから眠れてないのですか」とさらにたずねたところ「ずっと前」と話だし，また言葉を足して「やっぱり1か月前かな……」と話しだした。「1か月前に何かあったのですか」との問いに，「実は……夫が1か月前に自殺したんです」と，自宅2階で首つり自殺を図って亡くなったため，母子世帯になったことを打ち明けた。

　夫の死後に夫が多額の借金を抱えていることが判明した。C子さんは，夫の生前，借金には全く気がつかなかったこと，自分が第一発見者となった夫の自死もショックであったこと，に加えて夫が借金を隠していたことにも動揺しているという。夫は朝早くから夜遅くまで，働き通しだったと話した。

　夫は生前自宅の1階でクリーニング店を営んでいた。もともと友人や人との付き合いも良い反面，お人好しの面もある。C子さんは，夫がふとしたきっかけで友人から頼まれて借金の連帯保証人となり，借金の肩代わりをしてしまったのではと思っている。

　C子さんは，クリーニング技術をもつ夫の手伝いをしていただけで，クリーニング店を引き継いでいくことは難しいという。店は夫の死後，すぐに閉店した。あと2か月くらいは自分と息子がギリギリ食べていけるくらい蓄えはあるが，働き手を失ってしまい，すぐに尽きてしまうのでこれからが不安だという。

　C子さん曰く，「いろいろとしなくちゃいけないことがあるのはわかっているけど，旦那が残した借金のことや，親子2人でこれからどうやって生活していけばいいのか，もう……何から手をつけていいかわからない」とのこと。

また葬式の際に，夫の両親と親戚から，ものすごい剣幕で「妻であるあなたがいながら，なぜこんなことになったのか」と責められたことがショックで，自分が夫を支えられなかったから，夫が自死してしまったと感じているという。

　夫の両親とは夫の生前時は関係が良かっただけに，浴びせられた強い言葉が頭から離れない状態が続いているという。

　そんな中，葬式の手伝いもしてもらい，以前からクリーニング店の常連客であった，自治会役員で民生・児童委員をしている D さんが家に来て，「いろいろあなたも大変だろうから，社会福祉協議会のなかにある相談するところ＝（自立相談支援機関）に行ってみたら」と優しく言われたことがきっかけで，チラシを渡されて，相談する気になったという。

　主任相談支援員は，動揺しながらも一通り話を聞いて C 子さんが抱える問題を整理しなくてはと思い，次に何をたずねたらよいか考えだした。

① ワーク 5　夫の自死に直面して間もない C 子さん世帯への支援

　ここまでの事例情報 3 をもとに，以下の(1)〜(3)について検討しよう。

(1)　あなたが事例中の自立相談支援機関の主任相談支援員なら，C 子さんからの話をひと通り聞いた後，他にどのようなことを聞きますか。

(2)　C 子さんから追加情報を聞き出す場合に，どのような配慮が必要ですか。

(3)　C 子さんから直接聞けないようなことがある場合に，「誰から」「何を」「どのように」聞きますか。

　ワーク 5 では，C 子さんは，夫の自死に直面して 2 か月しか経っていない状況である。自死遺族は，自分で何を求めているのかをうまく表出できないことが多い。自死から期間が経っていない段階では，先にみたように様々な心理的負担や葛藤にさらされていることが予想される。

　この事例でも，C 子さんは，初対面である主任相談支援員に自分が何をしてほしいのか伝えきれていないことがみてとれる。

　こうした点を踏まえて，ワーク 5 では，夫に先立たれて間もない C 子さんが置かれた状況，背景を探るため，社会福祉士としてアセスメントするための基本的姿勢と不足している情報をどのように聞き，C 子さんと C 子さんの子どもへの支援に必要な項目とは何かを確認していく。

☐ ワーク 5 の解説

　ここからは，ワーク 5 に設定されている検討項目について解説する。事例中の主任相談支援員が担当した自死遺族の C 子さんとの初回面談において，何について，どのようなことに配慮しながら聞くのか，聞けない場合どうするのかといったことを検討する。

解説は，C子さんおよびC子さんをとりまく環境にかかわるアセスメントの要点項目，C子さんとの面談時の姿勢，配慮を考える上での要点項目，本人以外からの聞き取りという順で進める。

☐ アセスメントの要点項目

大きく分けて「生活経済上の問題」「C子さんの心身状況」「子どもの状況」といった3つのカテゴリーについてたずねることが想定される。

① 生活経済上の問題

- 死後すぐに行うべき行政の手続きは終了しているのかどうか。（遺族年金，世帯主変更届，健康保険，国民健康保険加入者の埋葬料の請求等）
- 借金の総額，返済期間，連帯保証の内容，業者名を把握しているかどうか。借入業者は一社かどうか。
- 貯金の残額。
- 自宅は持ち家か，借家か。住み続けることができるのか。持ち家の場合，ローンは残っているのかどうか。
- 相続の手続きは済んでいるのか。親族と争いになっていないか。
- 家を出なくてはならないとき，頼れる先（親族等）はあるのか。
- 生命保険は加入しているのかどうかなど。

② C子さんの心身状況

- 友人，知人等の他者との付き合いの状況。
- 睡眠の変化（寝つきの具合，怖い夢をみるかどうか，早朝に目が覚める）。
- 食欲の状況（食べられない，食べ過ぎ）。
- 体力の低下。
- 生活能力の状況（集中力が落ちる，家事ができているかなど）。

③ 子どもの状況

- 学校に行けているか。
- 子どもの健康状況。

・子どもが父親の自死のことをどの程度知っているのか。知らないとすれば，
　C子さんとして子どもに知らせたいのかどうか。

・担任にも自死の事実を知らせて良いと思っているか。

　これらのことは，C子さんの体調や心身状況を確認しつつ，問題の優先順位
をつけることを意識して聞くことが求められる。

　C子さんの話からは，「生活が苦しい」という言葉からも経済的な問題の優
先順位が高いといえる。ただ，主任相談支援員がC子さんの目のくぼみに気が
付いているように，まず，体調など心身の状況を十分に確認することが求めら
れる。

　この事例情報からは判断できないが，適切な対応がとられていないため後追
い自殺につながるようなリスクも潜んでいることは配慮すべきである。

☐ 面談時の配慮，姿勢

　まず，C子さんの主体性を尊重し，受容と共感の姿勢で，気持ちをしっかり
と受け止める。C子さんは，夫の両親に責められたことから自責の念にかられ
ているため，安易な慰めや励ましを行わないことが前提となる。C子さんのニー
ズを明確にするため必要なことを聞き出すことは必要であるが，二次的な傷
つき体験につながるような無理な聞き取りはしないように，C子さんのペース
に合わせ，個別化に配慮していくことが重要である。

　夫の自死後2か月しか経過していないことを考慮し，じっくりと時間をかけ
ながら，混乱している遺族としての問題を整理しつつ，相談者のニーズを明ら
かにしていく。C子さんの精神面への着目と同時に，早急に生活を立て直す際
に必要となる情報（借金返済にかかわる専門相談機関等の一覧）を提供できる
ようにする。

　なお，混乱した状態で一度に説明しても相談者が受け止めきれない場合もあ
るので，自治体などが発行しているわかりやすいパンフレットや死後に行わな
ければならない手続きを行うための窓口や連絡先等が掲載されているリストを

提示するなどの配慮が必要である。

　遺族自身が悲しみに向き合うことで，自死という現実を受け入れる時間や安心した環境を整えるためにも，実務的に対処しなければならない手続き等に関する情報は，遺族のおかれた状況を配慮しながら提供していく姿勢が求められる。

　このように解決すべき実務的な問題とC子さんの気持ちへの配慮を切り離して，まずは目前の問題解決のための対処法を提示していくようにすることが肝要である。

　こうした主任相談支援員の姿勢が，C子さんが「何から手をつけたらいいかわからない」という訴えに対する対応につながり，一つひとつ問題を解決する方向性が見えてくることで，C子さんの安心感と主任相談支援員への信頼にもつながる基礎となる。

◻ 本人以外からの聞き取り

　C子さんに相談先を紹介した民生・児童委員から，C子さんの直近の生活状況を聞く。

　また，子どもが通う学校の担任からは，子どもの学校生活の状況を聞くことも可能と思われる。また，学校にスクールソーシャルワーカーが配置されている場合は，それらの専門職からの情報も加味することもできるだろう。

◻ ワーク6で何を検討するか

　ワーク6では，ワーク5で検討した聞き出す項目を踏まえて，C子さんが抱える課題がより具体的になってきている想定となっている。

　当面何をどのように解決しなければならないかを検討しなければならない。特に先に検討したとおり，借金返済の手だてと生活費の確保が大きな問題である。

　また，C子さんへの支援だけではなく，子どもへの支援の方向性も見定めて

いかなければならない。さらに，自立相談支援機関だけで支援が完結することは考えにくいため，支援のための体制をどのように構築していくのかも重要である。

　こうした点を踏まえて，Ｃ子さんと子どもに対する支援プランにつなげる方向性をワーク6の項目に沿って，詳しく検討していく。

事例情報 4

C子さんの追加情報

　C子さんがいろいろ話をしてくれたあと，主任相談支援員は追加で情報を聞き出そうとしたが，C子さんから話すことに乗り気でないような表情が見て取れた。葬式の際に言われた義理の両親らの酷い言葉だけでなく，今まで交流のあった隣近所の人も自分に対してよそよそしい雰囲気で接しているように思えてならないという気持ちや，「どうしてこんなことになったのか」「誰に怒りをぶつけていいのかわからない」などという強い感情をあらわにすることもあった。主任相談支援員はこれ以上相談を続けて，C子さんに負担をかけては良くないと判断し，明日，主任相談支援員がC子さんの家に行って相談の続きをしてよいかたずねたところ，C子さんが同意してくれた。

　ただ，子どもの生活状況も気になったため，去り際にC子さんに「お子さんはどんなふうに生活しているの」とたずねたところ，「大好きな野球クラブの練習も休んでいて，学校も休みがちになっている」という。C子さんは「私も夫が残した借金のこととかいろいろ問題が多くて，子どものことを考える余裕がなくて，どうしていいかわからない。担任の先生もたまに家庭訪問には来てくれているけどね」とぼそっとつぶやいた。主任相談支援員は，C子さんが帰る間際，「帰宅して時間があったら目を通してみて」と言葉を足して，C子さんに地元の弁護士会が実施している無料法律相談のチラシを渡した。

　翌日，主任相談支援員はC子さんの自宅を訪ねた。老朽化がうかがえる木造の店舗部分の1階はシャッターが下りたままで，店舗内は雑然としている。

　居間に通されて，昨日からの相談の続きを行うことにした。向かいあってほどなく，C子さんから，「昨日，社会福祉協議会（＝自立相談支援機関）を訪問して，心にたまっていたことを話して少し気が楽になった」と話してくれた。また，一番の気がかりが，債務整理を含めた経済的な生活基盤にかかわることだと話してくれた。借金の総額は2,000万円。夫の同級生が消費者金融業者から借りたものだという。夫には生命保険金（死亡保険1,500万円）はかけていたが，数日前にインターネットで「死因が自殺だと保険金は支払われない」という内容を見て，自分で保険会社に問い合わせるのが不安だという。元店舗と自宅は持ち家で築40年。夫名義で，夫の両親から引きついだ物件で住宅ローン返済は残っていない。現在C子さんの貯金残高は40万円。相続の手続きはまだ何もしていない。また，もうじき固定資産税の納付時期であるが，払えないかもしれないという。C子さんは昨日渡された法

律相談のチラシをテーブルに置いて，主任相談支援員に「相談に行ってみたい」と話した。

　主任相談支援員は，「まず貯金があるといっても，当面の暮らしていく生活資金のことは不安ですよね。社会福祉協議会の別部署で生活福祉資金という貸付制度を担当しているところもあるので，明日一緒に行ってみませんか」と切り出したところ，Ｃ子さんは了解してくれた。続いて「相続の手続きのこと，借金の相続放棄が可能なのかどうか，保険契約のこと，これからの生活をつくっていくには，目の前のお金の問題を解決することが必要ですよね。生活福祉資金の相談に行った後，一緒に法律相談に行ってみましょう」と話し，主任相談支援員も同行することを約束した。

2 ワーク6 あなたなら，C子さん世帯に どのような支援を行いますか

　ここからは，ワーク6に設定されている検討項目について解説する。追加情報が明らかになってくる中で，具体的なプランニングを検討するための視点が重要となってくる。

☐ C子さんへの支援

　まず，C子さんが話した内容からは，特に借金の返済のことや当面の生活費確保といったことを解決しなければならないことが想定される。

　特に生活費の確保の問題に直結することとして，加入している生命保険の保険金が支払われることを前提にしたい。しかし，死因が自殺に関する免責事項（1年から3年という時効が設定されている例もある）が約款で定められていることもあり，取り扱いは保険会社によって異なる。弁護士会などに早急につないで問題解決にあたる必要がある。また急ぐこととして，相続の手続き（たとえば相続放棄の期間は3か月と定まっている）や債務整理の方法についても，法律相談につなげていくようにする。さらには，遺族年金の受給資格の確認等についても，適切な情報提供が必要である。

　一方，C子さんの心身の状態から，まず敷居の低い精神保健福祉センターの電話相談に不安な気持ちについて相談してみてほしいと提案する。

　その上で，C子さんへ医療機関の受診も提案する。C子さんの同意をもらって，主任相談支援員が精神科クリニックへC子さんの抱えている状況を説明し，当該医療機関が対応可能であること，窓口の担当者名の確認をとり，予約可能であれば予約も入れ，C子さんに具体的に対応可能な受診医療機関を紹介する。その際に，受診後の事後報告を入れてもらうようにC子さんに依頼する。

　また，C子さん自身が主体的に参加の意思を表明できるように配慮すること

が前提であるが，遺族同士が気兼ねなく話し合える自助グループ（つどい）の紹介ができるように，会の成り立ち，具体的な活動内容について精神保健福祉センターや保健所などを通して情報収集をしておく。

　C子さんの心身状況や債務整理の進捗をみながら，母子家庭等就業・自立支援センターの就業相談にもつないでいく。

☐ 子ども（小学校4年生）への支援

　家庭訪問に訪れている担任教諭を通して，子どもとの関わり方について話し合いの場を作り共通認識をもつ。

　その上で，自我が芽生えてくる時期であることを留意しつつ，小学校4年生という年齢からも子ども自身で相談できる力が備わっていることが予想されるので，担任教諭から弁護士会，警察署，あしなが育英会等の相談窓口に関する情報提供をしてもらう調整を行う。

　またC子さんへの子育て支援相談窓口の紹介を通して，子どもの支援につなげることも留意する。

　ただし，一般に子どもへの支援は，プライバシーの問題もありどこまで支援関係者や地域の住民の方と情報共有すべきかどうかという微妙な問題もはらんでいることを忘れてはいけない。本事例では，子どもが自死の事実を知っているような記述もあるが，実際には子どもに知らせないように自死の事実を親が隠すこともある。

　個々のケースによる判断になるが，元気になってもらいたい本人の周りの人，たとえば子どもを最初に支援し，そのことで本人にも好影響を与える結果につながることもある。

③ ワーク7 C子さん世帯への支援体制を組み立てる上で，留意すべきことは何か

　C子さんの不安が軽減されるまで最初にかかわった主任相談支援員がかかわりつつも，自立相談支援機関だけで抱えずに，地域の中の適切な専門的支援機関につなぎ，つなぎ先との連携体制をつくる。その際には，単につなぐだけではなく，必要に応じてフォローができるように，つなぎ先からの支援経過の情報等の共有が可能となるように留意する。

　また，専門機関だけではなく，C子さんの生活状況が落ち着いた段階で，本ケースの場合，自立相談支援機関につないでくれた民生委員をキーパーソンに据えるなどして，地域の中でのインフォーマルな支援者につなげることも可能になるかもしれない。地域の中で孤立しないことを見据えた中長期的なかかわりが求められる。

　さらに，本事例の場合，外部との連携だけではなく，たとえば，主任相談支援員が所属する社会福祉協議会内部の生活福祉資金貸付担当や地域福祉担当の社会福祉士をはじめとするソーシャルワーカーとも情報共有できる工夫も必要である。

参考資料 2　演習 2 をグループでやってみよう！

1　前半（ワーク 5 ）の進め方と流れ

　本演習は，第 8 章を全体で165分かけて進めることを想定したプログラムを立てている。全体の演習のうち，講義後の前半のワーク 5 （所要時間105分）の全体の流れを説明する。

　まず，導入として，オリエンテーションで演習全体の目的，ねらい，進め方について 5 分で講師から説明する（**表8-1**）。

　次に，演習用としてあらかじめ用意している事例の前段部分にあたる「事例情報 3 」の内容を 5 分で共有する。講師が読み上げるかどうか等，共有の仕方は，講師が適時判断する。

　続いて，講義の内容等を参考にしながら，ワークシート 5 によりグループワ

表8-1　前半（ワーク 5 ）の進め方と流れ

（計105分）

演習構成	内容・時間配分	演習実施上のポイントや注意点など	配布物等
導入と講義 （45分）	オリエンテーション （ 5 分）	• 全体の説明（目的，ねらい，進め方） • タイムスケジュール	
	講義（第 6 章参照） （40分）	• 遺された家族の状況・心理 • 遺された家族に提供すべき情報 • 対応の留意点	
ワーク 5 （60分）	事例情報の共有 （ 5 分）	• 事例情報の確認（講師が読み上げる，受講者に読み上げてもらう等，適宜講師が判断する）	「事例情報 3 」
	グループワーク （30分）	• 遺族から聞き取る情報は何か • 追加情報を聞く時の配慮 • 遺族に，直接，聞けない場合，「誰から」「何を」「どのように」聞くか	ワークシート
	グループ発表（15分）	• 複数グループによる発表	
	講師解説（10分）	• グループ発表をふまえ講師が解説する	

ークを30分かけて行う。

　さらに，グループワークで話し合われた内容の概要を，複数グループから15分かけて発表してもらう。

　最後に，発表してもらった内容を取り入れた解説を，講師から10分かけて行う。

2　後半（ワーク6とワーク7）の進め方の説明

　ここでは演習の後半にあたるワーク6とワーク7（所要時間60分）の全体の流れを説明する（表8-2）。

　まず，前半（ワーク5）からの続き，追加情報にあたる事例の後段部分「事例情報4」の内容を5分で共有する。

　次に，グループワークを30分で行う。検討内容は，①遺族に対する具体的な支援，②家族（子ども）に対する具体的な支援，③支援体制を組み立てる上で留意すべきことの3点である。

　続いて，グループワークで話し合われた内容の概要を，複数グループから15分で発表してもらう。さらに，発表してもらった内容を取り入れた解説を，講師から10分かけて行う。

表8-2　後半（ワーク6とワーク7）の進め方と流れ

（所要時間　計60分）

演習構成	内容・時間配分	演習実施上のポイントや注意点など	配布物等
ワーク6 ワーク7 （60分）	事例情報の共有 （5分）	• その後の事例情報の確認（講師が読み上げる，受講者に読み上げてもらう等，適宜講師が判断する）	「事例情報4」
	グループワーク （30分）	• 遺族に対する具体的な支援 • 家族（子ども）に対する具体的な支援 • 支援体制を組み立てる上で留意すべきこと	ワークシート
	グループ発表（15分）	• 複数グループによる発表	
	講師解説（10分）	• グループ発表をふまえ講師が解説する	

引用・参考文献

公益社団法人日本社会福祉士会（2018）「自殺予防ソーシャルワークに関するテキスト開発およびリーダー養成研修事業 報告書」.

資料編

生活支援アセスメントシートの構造

様式1　インテークシート

　このシートは、初回面接において生活上の困難を抱えた方の基本的な情報を整理するためのシートです。
　面接を通じ、「継続対応が必要」と判断した場合には、基礎シート（様式2）で、より詳細な情報を聞き取る構造になっています。

※　様式7〜9、11は、必要に応じ、選択して活用。

様式2　基礎シート

　「継続対応が必要」と判断された方の情報を、より深く聞き取るためのシートです。
　「本人の目指す暮らし」をふまえ、支援方針を立てていきます。「本人の思考の傾向（善悪の判断、思考パターン、価値観）」等も考慮した上で、「なぜ、そのような判断にいたったのか」という「判断の根拠」を記載します。

選択

　様式7　債務整理表

複数の債務を整理するためのシートです。

　様式8　領域別シート①（リーガル・ソーシャルワーク）

「罪を犯したことのある方」を対象としたシートです。

　様式9　領域別シート②（滞日外国人支援）

福祉的課題をかかえる外国にルーツを持つ方を対象としたです。

　様式11　領域別シート③（自殺リスクが疑われる場合）

「自殺リスク」を判断する際に活用するシートです。

様式3　アセスメント要約票

　これまでのアセスメントで収集した全体情報を、整理、分析し、1枚のシートへの要約作業を行うためのシートです。「要約」という思考プロセスを通じ、アセスメント内容全体の再検討を行います。

様式4　プランニングシート　「本人の目指す暮らし」をもとに、支援計画を立案するためのシートです。

様式5　支援経過　支援経過を、時系列で記載するシートです。

様式6　モニタリング・評価票　モニタリングを通じた評価、今後の対応方針を記載するシートです。

プラン継続・再アセスメント・終結

●様式１０　ご紹介シート

　インテークシート（様式１）、基礎シート（様式２）、アセスメント要約票（様式３）において、「他機関につなぐ」と判断した場合に、他機関との連絡用に活用するシートです。

●総合相談のプロセス

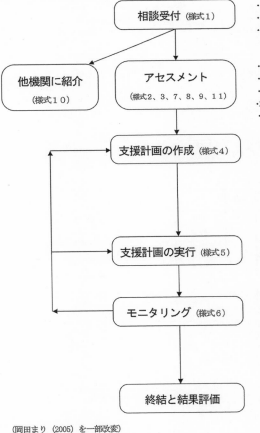

相談受付（様式１）
・受理形態は？（アウトリーチ含む）
・誰からの、どのような相談なのか？
・信頼関係の構築
・スクリーニング（緊急対応の必要性は？）

他機関に紹介（様式１０）

アセスメント（様式２、３、７、８、９、１１）
・本人の主訴は？
・生活課題の特徴は？
・ニーズは？
・本人・家族の意向やストレングスは？
・活用できる社会資源は？

支援計画の作成（様式４）
・支援方針は？
・目標は？（長期・中期・短期）
・介入方法は下記のうち何が適切か？
　　心理的サポート
　　新しい見方・考え方・行動に向けての支援
　　他機関への紹介、活用支援
・モニタリングの対象と方法は？

支援計画の実行（様式５）
・実行前に、本人に予測しうる事態を説明し、合意を得たか？
・事前に関係機関に情報提供したか？

モニタリング（様式６）
・計画どおり進んでいるか
・目標はどこまで到達できたか？
・本人は満足しているか？
・対応を要する状況変化はないか？
・新たな課題はないか？
・関係者と進捗状況および課題を共有しているか？
・計画は適切だったか？

終結と結果評価
・目標は達成できたか？
・支援が本人の生活の質向上に役立ったか？
・アセスメントや計画作成、関わり方は適切だったか？
・今後に活かせる点は何か？

（岡田まり（2005）を一部改変）

※　「障がい」の表記について
　　「生活支援アセスメントシート」では、通常の表記では「障がい」を用い、制度上のものについては、正式名称として「障害者手帳」や「障害支援区分認定」を用いています。

生活支援アセスメントシート

作成日　：　　　　　　　年　　　　月　　　　日
面接場所　：＿＿＿＿＿＿＿＿＿＿＿＿＿＿＿＿
相談経路　：＿＿＿＿＿＿＿＿＿＿＿＿＿＿＿＿
所属　　　：＿＿＿＿＿＿＿＿＿＿＿＿＿＿＿＿
担当者　　：＿＿＿＿＿＿＿＿＿＿＿＿＿＿＿＿

氏　名	（ふりがな）		性別 男・女	生年 月日	□大正　□昭和　□平成　　　　　年　　月　　日（　　歳）
現住所	〒			電話	自宅（　　　）　－　携帯（　　　）　－
住民票 住所	□住民票あり □住民票なし				
住居形態	□持家　　□賃貸アパート・マンション □野宿　　□その他（　　　　　　　）		同居状況		□独居　　　　　　　　□家族と同居 □知人宅（　　　）　□その他（　　　）
経緯、期間 状況など					
各種制度の 認定情報	□介護保険　（要介護　　　要支援　　　）□精神保健福祉手帳（　　　）　□療育手帳（　　　） □身体障害者手帳（　　　　　　　）□障害支援区分（　　　）　□障がい疑い　□ＩＱ（　　　）				
備考（申請状況の詳細、疑いの根拠等）					
成年後見人・保証人	本人との関係 （類型等）		氏名		連絡先

家族構成	氏　名	性別	続柄	年齢	同居別	備　考
		男・女			同・別	
		男・女			同・別	
		男・女			同・別	
		男・女			同・別	
		男・女			同・別	

相談の概要	キーパーソン			
	氏　名		本人と の関係	
	連絡先	〒　　　　　　　電　話：（　　　）　－　E-Mail：　　　　　　＠		
	これまで相談したことのある支援機関			
	名　称		担当（　　　）	
	連絡先	電　話：（　　　）　－　E-Mail：　　　　　＠		
	備　考			

【様式１】インテークシート

インテーク項目（初回面接時）			
受理形態	□電話　□来所　□その他（　　　　　　　　　　　　　　　　　　　　　　　　　　　　　　）		
生活歴・職歴	（健康状態、知的／発達障がい、精神疾患（うつ等）、アルコール関連問題、薬物、ギャンブル、対人関係、等）		
心身・判断能力			
暮らしの基盤	（収入、各種制度、公共料金、債務整理の状況など）		
面接者の判断	□今回の面接で終了（情報提供・傾聴のみ） □継続対応（アセスメント面接等）の必要あり □他機関につなぐ □その他（　　　　　　　　　　　　　　　）	緊急対応 の必要性	□　あり □　なし
		自殺の 危険性	□　あり □　不明　｝様式１１へ □　なし
判断の根拠 ・対応方針			

ジェノグラム・エコマップ
（作成：　　年　　　月　　　日）   ※　本人が活用できる資源（人・情報・サービス等）は何か。 ※　本来であれば、どのような資源が必要か。
他の支援者、関係機関の考え方
（※　機関名、担当者名を明記すること）

基礎シート

氏名	

（1）生活歴・職歴

学歴・施設歴	期　間	学校名・利用施設名	備　考
	～		
	～		
	～		
	～		
	～		

生活歴

	（続き）

職歴	期　間	会社名	所在地	雇用形態	備考（業務内容・離職理由、住居、、社会保険の加入状況など）
	～				
	～				
	～				
	～				
	～				
	～				

備考（現在の就労状況、保有資格、特技、課題など）

	（続き）

（2）心身・判断能力

既往歴	期　間	疾病名	病院名	備　考（病状・投薬など）
	～			
	～			
	～			
	～			

備考（健康状態、知的／発達障がい、精神疾患（うつ等）、アルコール関連問題、薬物、ギャンブル、対人関係、等）

	（続き）

（3）暮らしの基盤（各種制度、公共料金・債務整理の状況）

①各種制度の加入状況

	加入状況	備考（内容、名称、いつから等）
生活保護	□受給なし　□受給中　□申請中　□過去に受給経験あり	
失業給付	□受給なし　□受給中　□既に受給済み	
医療保険	□国民健康保険　□健康保険　　□加入せず　□その他	
年　金	□受給予定　□受給中　□受給見込みなし	
各種手当	名称（　　　　　　　　　　　　　　　　　）	
その他		

②毎月の収入（1ヵ月分）

	内　容	金　額
給与・賃金		円
年　金		円
（　　　　）からの援助		円
合　計		円

③公共料金等の支払い状況

	支払い状況			備考（金額、期間、契約者など）
電　気	□滞納なし	□滞納だが使用可能	□供給停止・なし	
ガ　ス	□滞納なし	□滞納だが使用可能	□供給停止・なし	
水　道	□滞納なし	□滞納だが使用可能	□供給停止・なし	
家　賃 (住宅ローン)	□滞納なし	□滞納だが居住可能	□立退要請あり等	
固定電話	□滞納なし	□滞納だが使用可能	□供給停止・なし	
携帯電話	□滞納なし	□滞納だが使用可能	□供給停止・なし	
その他				

④債務・資産の状況

	内　容	備　考
債務の金額	（　　　　　　　　　）万円	
返済状況	□返済している　　□返済していない	
債務整理の経験 ※「相談中」「整理中」は 「その他」欄に記載	□経験なし □経験あり 　→（　　　）年前、債務金額（　　　　）万円 □その他（　　　　　　　　　　　　　）	債務整理の方法 　□任意整理　　□特定調停 　□個人再生　　□自己破産
債務整理の費用	□本人が用意できる金額（　　　　）円 □（　　　　　）からの援助（　　　　）円	
所有資産		(例) 土地、家屋、車、生命保険、退職金、等

（４）人との関係・生活動線

人との関係（家族関係、近所づきあい、ソーシャルサポート等）
生活動線（室内、近隣、外出状況、地域の状況（マンション、孤立した集落等）、交通アクセス　等）

（５）本人の目指す暮らし

本人の思い
本人がとらえている問題（原因、いつから始まったか、自分自身の問題としてとらえているか、日常生活への影響）
生活の場所の意向（自宅、親類宅・知人宅、施設、復興住宅、その他）
今後の生活の希望
支援を依頼したいこと

（６）面接者の判断・支援方針

○本人の思考の傾向（善悪の判断、思考パターン、価値観）

○本人の問題は何か。（原因、いつから始まったか。自分自身の問題としてとらえているか。日常生活への影響）

○（エコマップからみた）ストレス関係にある人、物。キーパーソン

○本人の強み、長所（性格的なもの、職歴 etc）

○本人は、自ら望んで支援を受入れようと思っているか。その理由は何か。

支援方針・面接者コメント（具体的に記載）

アセスメント要約票

作成日　　　年　　　月　　　日
要約者＿＿＿＿＿＿＿＿＿＿＿

氏　名	(ふりがな)	性別	年齢	住居形態・状況
		男・女	歳	(※　持家、賃貸アパート、知人宅等、必要に応じ記載)

相談概要	

生活歴・職歴	

心身・判断能力	(健康状態、知的／発達障がい、精神疾患（うつ等）、アルコール関連問題、薬物、ギャンブル、対人関係、等)

暮らしの基盤	(※　各種制度、公共料金、債務整理の状況を記載)

毎日の暮らしぶり・生活動線	(※　家事、育児、家族関係、近所づきあい、生活動線（室内、近隣、外出状況）等を記載)

本人の目指す暮らし	(※　生活の場所、今後の生活の希望、支援を依頼したいこと、支援拒否の理由　等を記載)

面接者の判断	□　今回の面接で対応終了 □　継続対応（アセスメント面接等）の必要あり □　他機関へつなぐ □　その他（　　　　　　　　　　　　　）	緊急対応の必要性	□あり □なし
判断の根拠・総合的な援助の方針	(※　基礎シートの内容を反映させること)	自殺の危険性	□あり □不明 □なし
備　考	(※　様式8 リーガル・ソーシャルワーク、様式9 滞日外国人支援、様式11 自殺リスクの内容等を記載)		

©公益社団法人日本社会福祉士会 2016

プランニングシート

作成日　　　年　　　月　　　日
担当者

氏　名	（ふりがな）	性別	年齢	作成回		
		男・女	歳	□初回　　　□（　　　　）回目		

■本人の目指す暮らし

■総合的な援助の方針

■支援計画

優先順位	解決すべき課題	目　標	支援内容（誰が、何を、いつまでに）

計画期間	年　　月　　日〜　　月　　日	次回モニタリング予定	年　　月

支援経過

氏　名	

年月日	支援経過	担当者

モニタリング・評価票

作成日　　　年　　　月　　　日
担当者＿＿＿＿＿＿＿＿＿＿＿

氏　名	（ふりがな）	性別	年齢	作成回		
		男・女	歳	□初回　　□（　　　）回目		

■課題の達成状況

優先順位	解決すべき課題（計画時）	目　標（計画時）	達成状況	達成度
				□目標達成 □目標変更が必要 □その他
				□目標達成 □目標変更が必要 □その他
				□目標達成 □目標変更が必要 □その他
				□目標達成 □目標変更が必要 □その他

■本人の目指す暮らし・満足度

■残された課題、新たな課題

■今後の対応

チェック欄	根　拠	本人の希望
□プラン継続 □再アセスメント □終結		

■総合的な援助の方針

©公益社団法人日本社会福祉士会 2016

【様式7】債務一覧表

債務一覧表

氏名 _____

（記入日）　　　　年　　月　　日

No.	債権者名（借入先）	当初借入額	当初借入月	金利	保証人（氏名）	借入残高（現在）	最後の返済日	備考（使途、返済状況、等）
1	連絡先：（　　　　）		年　　月	％	□なし □あり（　　）		年　月　日	
2	連絡先：（　　　　）		年　　月	％	□なし □あり（　　）		年　月　日	
3	連絡先：（　　　　）		年　　月	％	□なし □あり（　　）		年　月　日	
4	連絡先：（　　　　）		年　　月	％	□なし □あり（　　）		年　月　日	
5	連絡先：（　　　　）		年　　月	％	□なし □あり（　　）		年　月　日	
6	連絡先：（　　　　）		年　　月	％	□なし □あり（　　）		年　月　日	
7	連絡先：（　　　　）		年　　月	％	□なし □あり（　　）		年　月　日	
8	連絡先：（　　　　）		年　　月	％	□なし □あり（　　）		年　月　日	
9	連絡先：（　　　　）		年　　月	％	□なし □あり（　　）		年　月　日	
10	連絡先：（　　　　）		年　　月	％	□なし □あり（　　）		年　月　日	
合　計								

※ ローンに限らず様々な内容を記載してください（奨学金、税金・社会保険料等の滞納、インターネットの有料サイトの請求、保証人に起因する借金、等）
※ 内容によっては、全部の項目を記載できない場合もあります。

210

領域別シート①（リーガル・ソーシャルワーク）

氏　名			面接者：

面接者：　　　　　　　　　　　　　
作成日：　　　　年　　　月　　　日

現在の状況	□執行猶予中（期間満了　　年　　月　　日） □保護観察中（期間満了　　年　　月　　日） □拘留中 □その他（　　　　　　　　　　　）	矯正施設名	
罪　名 （非行名）		矯正施設入所日	年　　　月　　　日
刑名刑期		入所回数	回 / 合計年数 / 年　ヵ月
関係機関	機関名	担当者	備考（連絡先等）
	□　（　　　　）保護観察所		
	□　保護司		
	□　（　　　　）地域生活定着支援センター		
	□　更生保護施設（　　　　　　）		
	□		
	□		
犯罪の概要 （動機・原因）			
共犯者の有無	□　共犯者なし □　共犯者あり	状況（共犯者ありの場合）	
受刑歴・入所歴			
反社会的集団 （暴力団等） との関係			
特記事項	（反社会的行動、性的モラル、固執性、他害の危険性　等）		
面接者コメント	※　「障がいの程度・診断」「生育歴」をふまえた所見・評価を記載すること		

領域別シート②（滞日外国人支援）
Assessment sheet for foreigners staying in Japan

名前 Name		面接者　　　： 通訳の有無　：　　　有　・　無 通訳者　　　： 本人との関係：

国　籍・地　域 Nationality/Region	
入国年月日 Date of Arrival	年　　　　月　　　　日 　　　　　Year　　　Month　　　Day
入国時の目的・経緯 Purpose for entrance and circumstances	
在留資格 Status of residence	
在留期間 Period of stay	
在留期限 Date of expiration	年　　　　月　　　　日 　　　　　Year　　　Month　　　Day
就労資格の有無 Working qualification	有　・　無 Yes　/　No
在留カードの有無 Residence card	有　・　無 Yes　/　No 番　号 Card number
有効な旅券（パスポート）の有無 Validity of Passport	有　・　無 Valid　/　Not Valid 番　号 Number 有効期限　　　　　年　　　　月　　　　日 Date of expiration　Year　　Month　　Day

民族 Ethnicity		宗教 Religion	
母語 Original language		その他の言語 Another languages	

日本語運用レベル　　　Level of Japanese Language
ほとんど話せない・簡単な話なら理解できる・通訳なしでも可 little　/　Understand a simple talk　/　Interpreter unnecessary

食事 Diet	
その他配慮すべき事項 Other matters to be considered	要　・　不要 Necessary/Unnecessary
婚姻関係 Marital status	はい　・　いいえ Married　/　Single

©公益社団法人日本社会福祉士会 2016

家族関係・日本在住の親族（父・母・配偶者・子・兄弟姉妹など）および同居者
Family in Japan(Father, Mother, Spouse, Son, Daughter, Brother, Sister and others) and person who lives together

続 柄 Relationship	氏 名 Name	生年月日 Date of birth	国籍・地域 Nationality/Region	同 居 Living together or not	在留資格 Status of residence	在留カード番号 特別永住者証明書番号 Residence card number Special Permanent Resident Certificate number
				はい・いいえ Yes / No		
				はい・いいえ Yes / No		
				はい・いいえ Yes / No		
				はい・いいえ Yes / No		
				はい・いいえ Yes / No		

子供の就学状況 Enrollment status of children

氏名 （Name）	就学状況 （School condition）	学校名 （Name of School） ／学年 （Grade）
	はい・いいえ Yes / No	
	はい・いいえ Yes / No	
	はい・いいえ Yes / No	

本国での主な職業
Occupation at home country

日本における支援者・支援組織との係りの有無 (Involvement of organizations/individuals in Japan)

支援者・支援組織 Supporters / organization	住 所 Address	電話番号 Phone number	相談者との関係 Relationship with the client

難民認定申請及び訴訟の有無 Presence or absence of litigation and refugee status	有 ・ 無　Yes / No 難民認定申請中（　回目）／　異議申立て中（　回目）　Refugee status pending（　）／Appeals in（　） 取消訴訟　有 ・ 無 Revocation suit　Yes / No
大使館（領事館）への連絡の可否 Permission to contact the embassy or consulate	可 ・ 否 Permit / Not permit

帰国について　About return to home country

帰国の意志　　： Do you want to return?	あり ・ なし Yes / No
帰国の可能性　： Possibility of return	あり ・ なし Possible / Impossible

ご紹介シート

　　　　　　　　　　　　　　　　　　　　　　年　　　月　　　日

（機関名）

_____　様

　　　　当機関にご相談がありました方について、よりよい支援をおこなうために、
　　　　下記のとおりご紹介させていただきます。

記

氏　名	（ふりがな）		性別	生年 月日	□大正　□昭和　□平成
			男・女		年　　月　　日（　　歳）
現住所	〒			電話	自宅（　　　　）　－
					携帯（　　　　）　－
相談日時	年　　　月　　　日（　）　　　時頃				
相談内容 （本人の希望）					
お願いしたいこと					
個人情報の チェック欄	□　ご紹介にあたっては、個人情報に関する同意を別紙でいただいています。 □　その他（　　　　　　　　　　　　　　　　　　　　　　　　　） （※　本人同意がとれていない場合は、原則として、他機関への個人情報の提供はできません）				

返信方法

　　　　　□　返信をお願いします
　　　　　　〈方法〉　□電　話　□ＦＡＸ　□メール　□その他（　　　　　　　　　）
　　　　　□　返信は不要です。
　　　　　□　その他（　　　　　　　　　　　　　　　　　　　　）

連絡先	機関名		担当者	
	住　所	〒		
	電　話		ＦＡＸ	
	E-mail			

領域別シート③（自殺リスクが疑われる場合）

作成日　　　年　　　月　　　日

記入者　　　　　　　　　　　　

○聞き取りにあたっては、参考1「メンタルヘルス・ファーストエイドによる支援」を参考にしてください。

氏　名	（ふりがな）		性別	年齢	同居状況		
			男・女	歳	□独居　　　　□家族と同居 □知人宅　　　□その他（　　　　　）		
本人の状況	（自殺を考えたくなるほど、本人が追い込まれている背景は何か、死を連想させる具体的な言動はあるか　など）						
職業問題・経済問題・生活問題	□　あり □　なし □　不明	（失業、リストラ、多重債務、生活苦、生活への困難感、不安定な日常生活　など）					
精神疾患・身体疾患	□　あり □　なし □　不明	（うつ、アルコール関連問題、統合失調症、身体疾患での病苦、がん、ＨＩＶ、ＡＩＤＳ　など）					
	留意点	○アルコール症とうつ病の両方を示す人は、非常に自殺の危険性が大きい。 ○自殺の危険性は、疼痛や慢性的な病状において増大する。 （出典）「自殺予防　プライマリ・ヘルスケア従事者のための手引き」（2007）					
ソーシャルサポート	□　なし □　あり □　不明	（支援者がいない、社会資源が活用できない、支援を拒否する　など）					
自殺企図手段への容易なアクセス	□　あり □　なし □　不明	（危険な手段が手元にある、危険な行動に及びやすい環境にある　など）					
自殺につながりやすい心理状態	□　あり □　なし □　不明	（自殺念慮、絶望感、衝動性、孤立感、悲嘆、諦め、不信感）					
	留意点	○参考2「抑うつ気分のチェックリスト」等を参考にしながら、「睡眠」→「集中力」→「自信の低下」→「罪悪感」→「悲観的考え方」→「自殺念慮」→「体重（食欲）」等を聞く方法もある。					
望ましくない対処行動	□　あり □　なし □　不明	（飲酒で紛らわす、薬物を乱用するなど）					
危険行動	□　あり □　なし □　不明	（自傷行為、道路に飛び出す、飛び降りようとする、自暴自棄な行動をとる　など）					
過去の自殺企図・自傷行為	□　あり □　なし □　不明	（いつごろ、状況、方法、意図など）←　寝堀り葉堀り聞かないこと。（無理して聞かない）					
喪失体験・苦痛な体験	□　あり □　なし □　不明	（身近な人との死別体験、いじめ、家庭問題など、）					
その他	□　あり □　なし □　不明	（自殺の家族歴、自殺が多く発生している地域が近隣にある　など）					

自殺の計画	□ あり □ なし □ 不明	(いつ、手段の確保、場所の設定、死後の準備　等)

※「周囲の関係者は危機感を感じているが、本人は否定している」等、情報にズレがある場合についても
留意しながら自殺リスクの判断を行ってください。

総合的な援助の方針

面接者の 判断	□　継続対応の必要あり □　専門機関につなぐ □　その他　（　　　　　　　　　　　　　　　　　　　） ※１　「自殺リスク」と「保護因子」を勘案した上で判断すること。 ※２　「周囲の関係者」と「本人の言動」にズレがないかに留意すること。	緊急対応 の必要性	□あり □なし
判断の根拠 ・対応方針	 参考　保護因子の例　←　「自殺リスク」と「保護因子」を勘案した上で判断すること。 「心身の健康」「安定した社会生活」「支援の存在」「利用可能な社会制度」「医療・福祉サービス」 「適切な対処行動」「周囲の理解」等		
専門機関に つなぐ場合 の留意点	○紹介先に電話を入れ、本人が抱えている問題の概要を説明し、対応可能であるかを確認する。 ○先方が対応できる日時、窓口名、担当者名等を確認し、必要であれば予約をする。 ○相談機関名、電話番号、アクセス方法、相談対応日時、窓口名、担当者名を本人に確実に伝える。 　→可能であれば、当該機関のリーフレットを渡したり、メモして渡すことが望ましい。 ○必要に応じて、上司や管理者の同行を提案する。もしくは、積極的に同行を申し出る。 ○紹介した機関に相談した結果等について、事後報告してくれるように本人に依頼する。あるいは、こちらが紹介先に直接電話を入れて、その後の経過を確認することに関して本人の了解をとっておく。 ○問題が深刻で自殺のリスクが高いと思われるケースについては、当該相談機関に対し、相談者が実際に訪れたかについて直接確認すること。 ○生命、身体の保護のために必要がある場合には、本人の同意を得ることが困難であるとき、第三者に情報を提供することができる旨の例外規定がある。（個人情報保護法第２３条） 参考「自殺未遂者への支援の方法」（長崎県自殺対策専門委員会）		

【参考】「ゲートキーパー養成研修テキスト」（内閣府）、「自殺予防　プライマリ・ヘルスケア従事者のための手引き」（2007）

参考1　メンタルヘルス・ファーストエイドによる支援

こころの支援「りはあさる」		
り	り すく評価	・自殺の方法について計画を練っているか，実行する手段を有しているか，過去に自殺未遂したことがあるか，を評価しましょう。 ・「消えてしまいたいと思っていますか？」「死にたいと思っていますか」とはっきりと尋ねてみることが大切です。
は	は んだん・批評せずに聞く	・どんな気持ちなのか話してもらうようにしましょう。 ・責めたり弱い人だと決めつけたりせずに聞きましょう。 ・この問題は弱さや怠惰からくるのではないことを理解しましょう。 ・温かみのある雰囲気で対応しましょう。
あ	あ んしん・情報を与える	・現在の問題は，弱さや性格の問題ではなく，医療や生活支援の必要な状態であること，決して珍しい状態ではないことを伝えましょう。 ・適切な支援で良くなる可能性があることも伝えましょう。
さ	さ ぽーとを得るように進める	・医療機関や関係機関に相談するように勧めてみましょう。 ・一方的に説得するのではなく，相手の気持ちを踏まえて，「専門家に今抱えている問題を相談してみませんか」といった提案をすると，相談の抵抗感を減ずるかもしれません。 ・一緒に相談に行こうと勧めることも安心につながります。
る	せ る ふへるぷ	・アルコールをやめる，軽い運動をする，リラクゼーション法（ゆっくりと呼吸をする，力を抜く等）などを行うことによって，メンタルヘルスの問題による症状が緩和されることがあります。 ・家族などの身近な人に相談することや，自分に合う対処法を勧めてみたりするのもよいかもしれません。

出所：「誰でもゲートキーパー手帳」（内閣府）．

参考2　抑うつ気分のチェックリスト

	内　容	確認
1	寝つきはどうですか？	
2	途中で目が覚めてしまって，もう眠れなくなってしまいますか？	
3	朝起きたときに寝た気がしないですか？	
4	だるくて，疲れやすいですか？	
5	集中力が落ちてミスが増えましたか？	
6	自信がなくなってしまいましたか？	
7	自分を責めたりは？	
8	気分が落ち込んでいませんか？	
9	今まで楽しめていたことも，する気がしなくなっていませんか？	
10	いっそのこと死んでしまいたいと考えたりしますか？	
11	体重が減りましたか？	

注：上から順番に確認する。大丈夫なことが確認できたら，そこでストップする
　　（それ以上質問しない）。
出所：杉山直也・河西千秋・井出広幸・宮崎仁編（2011）『プライマリケア医による
　　　自殺予防と危機管理』南山堂を一部改変.

執筆者紹介 （所属：執筆分担，執筆順，＊は編著者）

小髙　真美 （武蔵野大学人間科学部准教授：はじめに，第2章，第6章第2節）

川野　健治 （立命館大学総合心理学部教授：第1章）

田村　満子 （有限会社たむらソーシャルネット社会福祉士：第3章）

小石　誠二 （川崎こども心理ケアセンターかなで医務課長／かなで診療所：第4章）

三浦　直子 （きっさこ法律事務所弁護士：第5章）

＊公益社団法人日本社会福祉士会 （編著者紹介参照：第6章第1節，第7章，第8章，資料編）

《編著者紹介》

公益社団法人日本社会福祉士会
（こうえきしゃだんほうじんにほんしゃかいふくししかい）

公益社団法人日本社会福祉士会は，「社会福祉士」の職能団体です。

全国47都道府県に社会福祉士会があり，4万3,596名（2021年5月31日現在）の社会福祉士が，都道府県社会福祉士会の会員となっています。

私たちは，自己研鑽を積み，力を結集して，医療・保健・教育・司法行政等の関係機関の専門職の人たちと力を合わせ，福祉を必要とする方が，地域で安心した生活をおくれるよう支援しています。

本会の活動等の詳細はこちらからご覧ください。

日本社会福祉士会ホームページ：https://jacsw.or.jp

日本社会福祉士会 Twitter：@CSWofJAPAN

新・MINERVA 福祉ライブラリー㊷

ソーシャルワーカーのための自殺予防対策入門
——適切な知識と支援スキルを身につける——

2021年12月10日　初版第1刷発行　　　　〈検印省略〉

定価はカバーに
表示しています

編 著 者	公益社団法人日本社会福祉士会	
発 行 者	杉 田 啓 三	
印 刷 者	田 中 雅 博	

発行所　株式会社　ミネルヴァ書房

607-8494　京都市山科区日ノ岡堤谷町1
電話代表（075）581-5191
振替口座 01020-0-8076

©公益社団法人日本社会福祉士会, 2021

創栄図書印刷・藤沢製本

ISBN978-4-623-09241-3

Printed in Japan

自殺で遺された家族が求める支援
──偏見による苦しみへの対応──

大倉高志著
Ａ５判／442頁／7000円（税別）

自殺をケアするということ
──「弱さ」へのまなざしからみえるもの──

木原活信・引土絵未編著
Ａ５判／216頁／2500円（税別）

「自殺対策」の政策学
──個人の問題から政策課題へ──

小牧奈津子著
Ａ５判／272頁／6000円（税別）

──────ミネルヴァ書房──────
https://www.minervashobo.co.jp/